健康術

江原啓之

中央公論新社

はじめに

本書を書く本当の理由

本書を刊行しようと思い至った理由は大きく2つあります。

1つは霊界からのメッセージをお伝えすべきときだと、実感したことです。

私が霊界から受け取るさまざまなメッセージでここ数年多いのは、食と生き方、そして環境にまつわるものです。

なかでも「まともなものが食べられなくなる時代がくる」というメッセージは、不自然な世の中に生きていることを、今こそ自覚しなければならないと告げています。

環境汚染や食品ロス、利便性至上主義をよしとする不自然な世の中にあって、私たちはどう生き抜いたらいいのかを考えなければならないのです。

もう1つは、「フィジカルを侮ってはいけない」ということを、改めて伝えたいからです。

実は霊的な視点、スピリチュアルな視点から人生を見つめるほど、現世における身体的、物理的な要素、フィジカルな部分というのを抜きにはできないと強く感じています。

スピリチュアルとフィジカルは、どちらも欠けてはならず、私たちにとってバランス良く回す必要がある両輪だと言えます。

たとえばフィジカルな不調がきっかけでネガティブになり、自分らしさを見失っていけば、憑依《ひょうい》を招きやすくなります。憑依のほとんどはフィジカル面が決めると言ってもいいくらいに、肉体とたましいはつながっているからです。

また、いくらスピリチュアルに生きたいと思っても、肉体の不調がたましいの足を引っ張ることがこの現世にはあります。頭痛を抱えながら仕事をしていたとき、同僚にさらに仕事を頼まれて仏頂面で返事をしてしまう。ひどく疲れているとき、家族に話しかけられ「うるさい！」とつい言い放ってしまう――。そんな経験は、誰しもあるはず。

フィジカルがたましいの足を引っ張り、「本当の自分」ではなくなってしまい、自分らしい表現ができなくなるのです。

そうしたことが元で、人間関係がうまくいかなくなることもあれば、仕事がうまく回らなくなることもあります。自分のことを悪く誤解されたりもするでしょう。もっと言えば、人生がガラリと変わるような選択をしてしまい、「どうしてあんなことをしてしまったのか」「あの選択は自分らしくなかった」と後悔することさえある。

そんなもったいない人生にしないためのコツを、本書でつかんでいただきたいのです。

この本をお読みの方は、スピリチュアルな視点を持とうとしている、またはスピリチュアルなことに少なからず興味を持っていると思います。

その視点や興味を持ったということは、すでに「開運の扉」に手をかけているということ。あとはその扉を開け、スピリチュアルとフィジカルをしっかりとつなげて、癒しを実践していただくだけです。

あなたがこの本を手に取ってくださったことは偶然ではなく必然です。霊界があなたに伝えたいメッセージとその実践方法が、この本のどこかにあるということなのです。

今このとき、すでに病を得ている方もいらっしゃるでしょう。

私自身、入院や手術も経験しました。痛みや苦しさはもちろんのこと、管に繋がれたとたんに「ああ、自分は病人なのだ」という気持ちになったことはいまだに忘れられません。

それを思うと、毎日、検査や治療で針を刺されたり、薬を飲んだりすることは、どれほど大変なことか想像に難くありません。よほどの精神力がなければ、その痛みや副作用には耐えられないでしょう。それだけに病と向き合う人は、志の高いたましいであることがわかります。

病の意味については後述しますが、このことだけは先に申し上げておきます。

病は負ではありません。どんな病にも学びがあります。

そしてあなたが今、病気で辛い思いをしているとしたら、それはあなただけの学びではありません。あなたのまわりにいる家族、友人、医療従事者、あるいは街であなたに接する人たち、すべての人にとっての学びでもあるのです。

それは愛という学び。相手に寄り添い、相手のために何ができるかと考え、見返りを求めない愛をそそぐ「大我《たいが》の愛」です。

病というテーマに懸命に向き合おうとするあなた。そのそばにいる人は、大我の愛をあなたから学ばせてもらっています。

ですから「なぜ、私だけが病気でこんな思いをするの？」と思ったり、ひとりで苦しみを抱え込んだりしなくていいのです。

私たちは大我の愛を学ぶために、この世に生まれ、ともに学び合い、ともに寄り添い合って生きているのですから。

自分らしく生きるためのたましいからのメッセージ

あなたがこの時代、この国に生まれてきたことには意味があります。

今がいくら不自然な時代だとしても、そこで生き抜ける力があるからこそ、あなた自らが「今」を選んで生まれてきたのです。あなたにはちゃんとその潜在能力がありますし、必ず生き抜くことはできます。

確かに肉体がたましいを引っ張ることもありますが、逆に応援してくれることもあります。日頃から、自分をいたわり、休息をとったり、メンテナンスをしたりしているからこそ、ここぞというときに踏ん張りがきく、頑張れるということがあるわけです。

また「病魔が襲う」などと言うように、突然病気になると思うかもしれませんが、そこに至る前に、たましいはさまざまなメッセージを送っています。

病気になるのは、もともとは健康だったからこそではないでしょうか。健康な状態から、心身がなんらかの拒絶反応を起こすために、病気という形で表れる。それを自覚できることはとてもありがたいことと言えます。

本書ではあなたが自分を取り戻すきっかけとなるよう、体や心の不調からたましいのメッセージを読み解くための極意をお伝えしていきます。

自分でたましいのシグナルを感じ取り、「もうどうにもなりません」というところまで行く前に、メッセージを理解し、暮らし方や考え方を訂正できるように。そしてたとえ病があっても、「本当のあなた」で人生と向き合い、たましいの視点でよりよく生き抜いていけるように。

私がお伝えすることは内観《ないかん》の一助となりますが、何か不調があるときは、まずは病院での診察や治療を受けることが必須です。それもまたスピリチュアルとフィジカルの両輪を上手に操る極意であると心得てください。

本書では栄養学の専門家によるアドバイスも加えていきます。参考になさるとフィジカルなメンテナンスをより実践できるでしょう。

古くから「医食同源」という言葉がありますが、食は重要なキーワードです。

残念ながら今の時代、私たちの口に入る食べ物は、不自然なものが多いという現実があります。添加物や農薬、遺伝子組換え食品やゲノム編集食品はその一端です。

私は今、自らの食生活や環境を大きく変える努力をしています。質素な食事を心がけ、生まれ育った都会から自然豊かな場所へと生活の拠点も移しました。

自他ともに認める食いしん坊の私ゆえ、多くの方から「さんざん食べてきたお前が、今さら何を言うか！」と批判を受けるのは承知のうえです。しかし、これまで食に真剣に向き合ってきたからこそ、現実を見て、より深い分析もできました。

その結果、自分がこれまでいかに無知であったかを思い知らされました。無知を智に変えることを、私自身が実践すべきだと回心《かいしん》し、食生活を、そして生活を変えているのです。

今こそ、「生きることは食べること、食べることは生きること」という原点に立ち返るとき。それを切実に感じています。

本書で、あなたがスピリチュアル・メッセージを受け取り、食や体と向き合い、フィジカル・ヒーリングの実践に踏み出すきっかけをつかめることを心より願ってやみません。

目次

第2章 対談 スピリチュアリスト・江原啓之×管理栄養士・圓尾和紀 39

第3章　症状別　スピリチュアル・メッセージ　73

・・・女性に多い不調・・・

・・・メンタルの不調など・・・

構成●やしまみき
写真●大河内禎
本文イラスト●村山宇希
装幀●トラミーケ
本文ＤＴＰ●今井明子

開運健康術

第1章

本当の自分を保つために

開運できる人の共通項とは

「私って霊に憑《つ》かれやすいのです。どうしたら霊に憑かれず、開運できますか？」もしこんなふうに尋ねられたら、「まず規則正しい生活をして、食事を整えましょう」と、私はアドバイスします。さらに「呼吸を意識し、姿勢を正し、良い睡眠をとってください」ということも付け加えます。

霊を祓《はら》ってもらえると思っていた人は、あまりに現実的かつフィジカルな答えに驚くかもしれませんね。

でもよく考えてみてください。霊能者に頼ることなく、霊に憑かれにくい自分に変わることができるのです。それもごく日常的なことですから、さほどお金もかかりません。今すぐにでも始められます。これほどの開運法があるでしょうか？

スピリチュアルとフィジカルは両輪。両方のバランスが整っていることが開運の決め手です。現世において人生をよりよく生きるための条件なのです。

そもそもたましいと肉体の関係とは、どのようなものなのでしょうか。

私はよく肉体を車、たましいを運転手にたとえています。運転手がいくら上手に運転をしたいと思っていても、整備不良の車ではきちんと走ることはできませんよね。肉体のメンテナンスをおろそかにしていては、人生が充実しないのです。

残念なことに、自分の体をしっかり整えるという土台や心構えもなく、魔法を使うようにスピリチュアルなことで解決を望む人は少なくありません。でも厳しいようですが、それは怠惰です。怠惰な土地に花は咲きません。

「郷に入《い》っては郷に従え」「急がば回れ」という2つのことわざを思い出してください。

現世に生まれたからには、物質界のルールに合わせて、たましいが自由に動くための肉体のメンテナンスが重要。そして「急がば回れ」で、地道な努力が必要です。呼吸を意識し、姿勢を正し、睡眠や食事を整えるといった日常に気をつける。体力の底上げは一朝一夕にはいきませんが、無理難題というわけでもありません。

「呼吸や姿勢と、憑依にどんな関係があるの？」と思うかもしれませんが、大いにあります。憑依されやすいのは、姿勢が悪くて、声が弱々しい人なのです。そんな状態ではいくら霊を祓っても、また別の霊に憑依されてしまいます。

一方、姿勢が良く、お腹からしっかり声を出せる人で、憑依されている人はいません。つまり体調を整え、体力の底上げをしていくというのは、憑依されない自分を作り、開運を導くための近道と言えるのです。

もちろん現在、すでに病を得ていらっしゃる方もいるでしょう。私は何が何でも健康になりなさいといっているわけではありません。たましいと肉体の関係を理解し、自分という器を整える努力は、誰にとっても開運の扉を拓《ひら》く重要な鍵です。その努力あってこそ、病や本当の自分と向き合うことができるのだと思います。

病にも意味がある

スピリチュアルな視点で見れば、病には３つの種類がありますが、これを知っておくと、病への向き合い方が根本から変わります。

1つ目は肉の病。過労や不摂生など肉体に無理がかかって出る病です。

2つ目は思い癖の病。思い癖とは、いつもこういう考え方をしてしまう、というような思考の癖のこと。クヨクヨしがちな人に胃痛が出るなど、思考の癖が病として表れる場合です。

3つ目は宿命の病。自分の学びとなる人生のテーマやカリキュラムに関わる先天的、後天的な病気を含め、寿命に関わる病気です。

これらは別々のようでいて、すべて連鎖しています。過労や不摂生をするのは、良くないとわかっていても思い癖が根底にあるからやめられないせい。それを続ければ、寿命さえ縮めてしまうかもしれません。

たましいは私たちにさまざまなメッセージを送っています。

無理な暮らし方をしているのではありませんか？

思い癖があることに、自分で気づいていますか？

自分の命、そして人生を、どうしたいのですか？

肉体だけ見ていても病の意味は見えてこず、たましいだけ見ていても病とは向き合えません。

病があっても、心健やかに、前向きに人生を生きている人はいます。そんな人はたましいの本質に気づき、病を理解しながら、上手に肉体という車を乗りこなしているのでしょう。

この世の学びは光と闇です。闇があるから光がわかり、光があるから闇がわかる。病を見つめ、体を見つめるからこそ、たましいを理解し、そのなかでも健やかに生きるとはどういうことかを学んでいくのです。

肉体とたましいをコントロールするコツ

人には感情がありますが、感情のままに行動していたら大変なことになりますよね。感情的になっても、それを客観的に見つめる理性があれば、節度ある行動がとれます。

トラブルだってグンと減るでしょう。

主従関係で言えば、理性が主であり、感情は従。これを間違えないことが重要であり、肉体とたましいを上手にコントロールするためのコツでもあります。

けれども多くの人は主従が逆になりがちです。

よく親子の日常会話で、こんなことがあるでしょう。

子どもに「お母さんは間違っている！」と指摘され、「あ、そう。明日からお小遣いあげないからね」と理不尽な反応をするお母さん。痛いところを突かれて、論点をすり替えたり、横暴な反応をしたりするのは感情的になっているからです。

あるお母さんは、「疲れているとつい感情的になってしまう」と言っていましたが、その通りでしょう。肉体がたましいの足を引っ張り、理性でコントロールできなくなっているのです。もし疲れていなければ、「その通りね。お母さんが間違っていたわ。ごめんなさい」と素直になれる可能性は高いはず。

なかには先回りし、「今日はお母さん、疲れているから、余計なことを言わないでね。ひどいケンカになるから怒らせないで」と予防線を張るお母さんもいます。理性で踏ん張り、感情を抑え込むひとつの術として、上手なやり方と言えるでしょう。

怒りのコントロールとして、カッときたら水を一杯飲む、深呼吸するなどといった対症療法がありますが、それができる人はそもそもカッとなりません。瞬間湯沸かし器のように、ちゃぶ台をひっくり返してしまうタイプの人は、水の入ったコップを手に取る余裕すらないのでは？　だとしたら、家族に対して先に予防線を張っておくのは、いい方法と言えるのではないでしょうか。

幸せに生きるための絶対条件

今は偽物の時代です。

スマートフォンで写真を撮れば、本物の自分よりも肌は白く、目は大きく加工してくれます。インターネット上では仮想通貨（暗号資産）が世界中でやりとりされ、〝仮想〟という言葉の通り、お金のなんたるかさえ、よくわからなくなっています。

私たちのまわりにあるものすべて、食べ物に至るまでを改めて見てみると、どれだけの偽物に囲まれているかが、よくわかるはずです。でもそんな時代を嘆くことはありません。こんな時代でも幸せに生きる方法はあるのです。

私は、幸せになるためには偽物を見極め、本物を選ぶことが重要だと思っています。視点を変えてみましょう。何ごとにも「なぜ?」と疑問を持ってください。

なぜこんなにアレルギーの人が増えたのでしょう? なぜ今や2人に1人ががんになる時代なのでしょう?

たとえばアレルギーひとつとっても、「自然に生きていませんよ」というたましいからのメッセージかもしれません。昨今は一億総アレルギーと言われるほど、誰もが大なり小なりアレルギーを持っています。花粉、食べ物、化学物質、寒暖差によるアレルギーなどというのもあるそうです。

がんになる人、ちょっとしたことで心身の不調や病を訴える人が、昔より増えたと、誰もが感じているはずです。増えた原因については食べ物や環境の影響が当然、考えられますし、科学者や医師などからのエビデンスも、実際に挙がっているようです。「こんな時代だから」と受け入れ上手になるのではなく、疑問を持てば、身の回りのいろいろな不自然さが見えてくるはずです。

食べ物で言えば、原材料に何が入っているのか、どうやって作られたものか、どうやって栽培された野菜か、どうやって育てられた牛や豚、鶏なのか。そんなふうにちょっと立ち止まって、考えてみてください。添加物まみれの加工食品、農薬だらけで虫もつかない野菜、窮屈な環境で育てられる家畜の肉は、果たして自然なのかと。

価格が安いというだけで、あるいは便利だから、味が良いからというだけで選ぶのはもうやめにしませんか？

「自然に生きていませんよ」というメッセージが、アレルギーや体の不調といった形で届いているかもしれない。そう気づいた今が、幸せな生活へと変えるチャンスなのではないでしょうか。

開運人生はまず食から

当たり前ですが、あなたの体はあなたが食べたものでできていますよね。ということは、どんな食べ物を選ぶかは、とても重要なことと言えます。

実はたくさんの農薬や化学肥料を使って野菜が栽培されるのは、ひと言で言えば消費者が望むからです。まっすぐで長さや太さのそろったキュウリや、虫食いのないレタスを選び、青臭いピーマンや酸っぱいトマトは選ばない。消費者のニーズに応える野菜を作るためには、農薬も化学肥料も必要です。

添加物や化学調味料入りの加工品だって、長く保存できて、安くて、簡単に食べられる食品が欲しいという消費者のニーズに、企業は応えているだけです。

確かに「忙しいから簡単に調理できる加工品が便利」「時間がないから吟味しなくてもいいような規格品を、パッと手に取りたい」という人もいます。でも忙しいといいながら、実はダラダラとインターネットやテレビを観ていたり、つまらないことを悶々と悩んで時間を費やしているだけだったりします。

私は不幸になる人には３つの要素があると、いつも申し上げています。自己憐憫、責任転嫁、依存心です。

「こんなものを食べなくちゃならない時代に生きるなんて」という自己憐憫、「そんな商品を作るほうが悪い」という責任転嫁、「自分で選ぶのは大変だから、誰かなんとかしてくれないかしら」という依存心があるうちは、残念ながら幸せにはなれません。

逆を言えば、幸せへと舵を切るには、自分で調べて本物を選び取り、少しずつでも行動を起こしていくことです。あなたという消費者が行動を変えれば、作る側も変わります。何より、あなたが行動すれば、あなたの人生は必ず変わります。それこそが開運です。

いつのまにか、本物の野菜の味も、きちんとだしを取って作る料理の味もわからなくなっているのが現代人です。不自然な世の中に対してあまりに受け入れ上手な現代人は、そんな味覚音痴にも近い状態なのではないかと思います。

これでは体のちょっとした不調にも鈍感になってしまうのではないかと心配です。せっかくのたましいからのメッセージにも気づけないまま、大きな病気につながってしまったらもったいないですよね。

この時代を生き抜ける人は、自分がどういう状態にあるのか、敏感に感じ取り、理性で見極められる人です。

怠惰や便利に慣れた暮らしを変え、本物を見極める目を持つことは、一朝一夕にはできません。でも日々の暮らしをしっかり整えていけば不可能ではなく、あなたにも、そして今日からでも始められます。

少しずつでもたましいの声に耳を澄ませて、本物を見極める目を養っていきましょう。まずは今日食べるものから、選んでみませんか？

フィジカルによって人生は変わる

私は人間関係に悩む人に対して、「相手を変えようとするよりも、まず自分が変わりましょう」とよくアドバイスします。

自分が変わるためのアプローチはいろいろありますが、開運の鍵はまず「本当の自分」を取り戻すことです。なぜなら人間関係がうまくいっていないのは、「本当の自分」ではない可能性があるからです。

あなたが「そういえば、自分らしくないな」「どうしたらうまくいくだろう？」と考えているとしたら、あなたはすでに自分を変えようと一歩を踏み出している状態です。

いわば開運の第一歩。さらなる次の一歩、内観へと進みましょう。

「体調が思わしくない」「心が不安定になっている」と思い至れば、「原因はなんだろうか？」と疑問を持つことができますね。

そこから「乱れた食生活や環境にあるのではないか」と探れたら、あとは改善の方策が次々と見つかります。

具体的にどうしたらいいかと言えば、日々、口にする食事を改めたり、身の回りの環境を整えたりする。さらには社会に目を向け、自分が手にする食品がどうやって作られているのかを知る。あるいは地球規模での環境など、広い視野でものごとを見る。

一歩ずつでも進んでいけば、今の不自然な世の中を少しでも乗り越えて、よりよい開運人生を自ら、どんどん創り上げていくことができるのです。

離婚したあとで、夫とうまくいかなくなった原因が更年期のイライラにあったと気づき、「離婚まですることはなかった」と後悔する人もいます。「本当の自分」ではない状態で大きな決断をして悔やむことほど、不本意なことはありません。

私は15年にわたる個人カウンセリングのなかで、こうした事例を数多く目《ま》の当たりにしてきました。

婦人科系の病気でホルモン治療を始めたある女性は、婚約相手に対して「彼のことを好きかどうかわからなくなった。もうすべてがイヤになった」と婚約を破棄してしまいました。

彼女の心の不安定さはホルモンバランスの乱れが一因ではないかと思った私は、「治療が終わるまで答えを出すのを待ったらどうですか？」とアドバイスしましたが、彼女は頑《かたく》なでした。

そのうち仕事も辞めるなど、治療前の彼女とは別人のような決断を次々としてしまったのです。治療を終えてからその女性は、「なぜ私はああいう選択をしたのだろう」と吐露していました。

ホルモンバランスの乱れは、ときに人格が変わるほど影響を及ぼします。

妻が急に怒りっぽくなり夫婦ゲンカが絶えなくなったとき、妻の変貌の原因が甲状腺ホルモンの病気にあるとわかって治療を受け、離婚を回避できたという例もあります。

いつだって感情ではなく、理性で事実を受け止め、見極めていくことが大事なのです。

もちろん、人生は光と闇。どちらにも学びがありますから、離婚や病気が悪いわけではありません。でも、できるなら「本当の自分」で選択した学びをしたいものです。

本当の自分であればこそ、病気としっかり向き合えたり、あるいは離婚しても自分の足で新しい人生を踏み出せたりするのではないでしょうか。「病気になったおかげで人のやさしさや健康のありがたさに気づけた」「悩んだ日々は無駄ではなかった」と前向きになれるはずですし、自分で乗り越えたという実感も持てます。

少しでも後悔しない人生にするためには、本当の自分を保つことです。

スピリチュアルなメッセージを受け止め、そして肉体を癒す、フィジカル・ヒーリングを取り入れて、開運していきましょう。

第2章

対談

スピリチュアリスト
江原啓之
×
管理栄養士
圓尾和紀

◉たましいと栄養学、両面からのアプローチ、その具体的な方法について探る対談。お相手は、第3章で栄養学を基にしたフィジカル面からのアドバイスを監修する管理栄養士・圓尾和紀《まるおかずき》氏。スピリチュアルとフィジカルの共通項とは？

本当の幸せとは何か

江原　次の第3章では、体の不調について、たましいからのメッセージの読み解き方を私が述べ、圓尾さんには栄養学を基にフィジカル面についてのアドバイスをいただきます。それによってスピリチュアルなメッセージと、フィジカルなヒーリングという両面から、読者の方々により良い人生を生きる術を、具体的に身につけていただきたいと思っているのです。

圓尾　管理栄養士としては、食が体に与える影響をわかりやすく説明しつつ、体を健やかに整えるための食材や食べ方などを紹介したいと思います。

江原　圓尾さんは病院での栄養指導経験もあるそうですね。患者さんと接していてどのようなことを感じていらっしゃいましたか?

圓尾　病院なので、すでに病気になられた方が多いのですが、なかでも病気が悪化した患者さんは「もっと気をつければよかった」とおっしゃいます。ですから後悔する前にできることを探っていただけるよう、この本でのアドバイスを役立ててほしいですね。

江原　食は毎日のことですから、積み重ねという意味でも健康に深く関わります。圓尾さんはまだお若いので、たぶん幼い頃からファミリーレストランは身近な存在だったと思います。でも昔はファミリーレストランでの食事はご馳走だったのです。今は一人暮らしで自炊するよりも外食のほうが安上がりだと考える人も多いようですし、そう考えると食に対する意識は、隔世の感があります。日本の伝統的な考え方で特別な日をハレ、日常をケと言いますが、食事に関してはそれが逆転しているようです。

圓尾　確かにファミリーレストランでの食事は象徴的です。ハレの食事と思っている人は今の時代では少なく、ケの食事と言えそうです。

江原　ええ。そういうカオスな時代なのです。とくにここ数年で食の安全に対する意識はかなり高まっています。原発事故による放射能汚染は大きなきっかけでしょう。それだけではなく「まともなものが食べられなくなる」という霊界からのメッセージ

THE EAST
THE SOUTH

もあり、私は「誰もが自分で自分を守らねばならない時代だ」との思いが強まりました。恐ろしい時代だなと。

圓尾　恐ろしい時代というのは?

江原　物質的価値観にまみれた人間の心が、恐ろしいという意味です。大気汚染などの環境汚染も、原発も、物質至上主義によって生まれたものでしょう? 右肩上がりの経済成長を信じて、未来を考えもせず、がむしゃらに突き進んだ結果、短期間で急速に時代が変化してしまった。言葉は悪いですが、正気を失ったような感じというか、まさにカオスな時代になったのです。

圓尾　ファミリーレストランのみならず、私たちの世代では携帯電話も、自動改札も当たり前にあるものだと思っていますが、以前は違ったのですよね。

江原　圓尾さんは1年ほどイギリスに留学もされているから、昔の日本のような雰囲気はまだわかるのではありませんか?

圓尾　そうですね。私が留学していたのはイギリスでも、とくに田舎のほうでした。

コンビニエンスストアもありませんでしたし、お店があってもみんな、夕方には閉まってしまうような感じでした。

江原　たかだか50年くらいで、日本は生活や環境が大きく変化してしまいました。こらへんで立ち止まって目覚めないと、本当の幸せを味わうこともできなくなってしまうと、私は危惧しているのです。

圓尾　本当の幸せとはどういうものなのでしょうか？

江原　多くの人は、健康であることや家族と一緒にいること、愛する人がいることなどを幸せだと考えますが、これらはすべて長く続きません。物質界である以上、失うものというのはあるでしょう？

圓尾　誰もが病気になるし、夫婦でいてもどちらかが先に亡くなりますね。

江原　そう、永遠に続く幸せではない。つまり物質にしがみつくことは幸せではありません。本当の幸せは何かというと、何も恐れることがないことなのです。病気になること、死ぬことの意味すらもわかっていて、人間関係の歓びも、哀しみも、すべて意味がわかっていれば、全部自分の人生の肥やしにできます。何が来ても怖くなくなるのです。これが本当の幸せです。

圓尾 そういう心境に達することができたら、確かに幸せですね。

江原 大事なのは、何ごとも人のせいにしないこと。私はそれを責任主体と言っています。日常生活から責任主体で生きていれば腹をくくれます。それが幸せな生き方なのです。

スピリチュアルと栄養学、その接点

江原 責任主体で生きるからこそ、食べることひとつでも自分で調べて、理解して食べる。だから私は、食や医療に関してさまざまな情報に触れ、分析し、いつも自分で考えています。そのなかで出会ったのが圓尾さんですよ。

圓尾 インターネットで発信している私の動画を観て、連絡をくださいましたね。

江原 インターネット上の情報は玉石混淆《ぎょくせきこんこう》で、理性での判断がとくに必要なのですが、圓尾さんはとてもバランスがとれていると感じました。

圓尾　バランスですか？　普段栄養学の見地から、安全な食材や添加物、農薬に対する考え方、健やかな体へと整えるための食事の摂り方などを発信しているのですが……。

江原　ええ、とても理性的に語っていらっしゃいますね。ちまたにあふれるインターネット上の動画には、まるで陰謀論を語るように誰かのせいにしたり、感情的なままエキセントリックに自説を語ったり、偏った考えを述べる人もいます。でも圓尾さんは理路整然と丁寧に説明している。感情論に呑まれず理性的な点が、逆にスピリチュアルな部分に通じるなと思ったのです。そういう意味でバランスがとれているなと。

圓尾　ありがとうございます。

江原　私はスピリチュアルなことを言いながら、非常にフィジカルなこと、現実を重んじています。そして圓尾さんが食について語ることは理性的だからこそ、スピリチュアルな生き方に通じます。こちらとあちら、向かい合わせの世界から同じことを語っている映し鏡のような共感があったというのでしょうか。奇しくもお互いにイギリスに留学していた経験があり、海外から日本を見たときの日本の良さもわかるという共通項もありました。

圓尾　確かに海外に出たことは、日本文化を改めて見直す大きなきっかけになりました。いろいろな国から留学生が来ていて、みんな自国のことをよく知っているのに、僕は日本の文化も歴史もよく知らず、語ることもできない。日本人として「これではいけないのでは」と思いました。

江原　聞くところによると、留学中にかなり太ったそうですね。

圓尾　3カ月で10kg太りました。環境の変化によるストレスもあったでしょうが、食事の影響が大きかったですね。もともと洋食好きで、イギリスでもスコーンやソーセージをかなり食べていましたから。でもドーナツひとつとっても、砂糖や油が日本よりかなり多いのです。それなのに走ればやせるだろうと思って、食事は変えませんでした。栄養の勉強をしているとはいえ学生だったので、まだわかっていなかったのです。結局、全然やせないまま帰国しました。
江原　今はとってもスリムですが、どうやってやせたのですか？
圓尾　帰国して和食に戻したら、自然とやせました。そこで和食の良さを身をもって知ったのです。

導かれ、戻された食への道

江原　そもそもなぜ栄養士の道を選んだのですか？
圓尾　実は薬学部を目指していたのですが、大学のパンフレットを取り寄せたときに、栄養学部というのが目に留まり、「こっちのほうが面白そうだ」とピンときたのです。
江原　どのあたりが面白そうと思ったのですか？
圓尾　薬よりもっと身近に感じたのです。でもその頃の僕は料理もしないし、食べるのが好き、というほどでもありませんでした。
江原　それなのに、栄養学に興味を惹かれた？

圓尾　人体の構造などに興味があったのですが、薬を飲んでも、食事を摂っても、体のなかで代謝されていく、そこにすごい科学が詰まっていると思えたのです。なかでも食べ物のほうがより身近なので、ピンときたのだと思います。

江原　自分なりにそう思ったのだろうけれど、私からするととても観念的に思います。

圓尾　確かにパンフレットを手に取ったことも偶然ですし、周囲に栄養士の身内や知り合いもおらず、よく下調べもせず入学してしまいました。入学式でクラスメートが女性ばかりなのに驚いたぐらいです。いろいろ調べていたら、行かなかったかもしれないですね。

江原　面白いですね（笑）。もう絶対、スピリチュアル！　導かれたのですよ。そうじゃなければ、入学したとしても栄養士になる前に学部変更や、別の大学を受け直すとか、道を変えるでしょうから。

圓尾　勉強する内容はとても面白かったので、辞めようとは思わなかったですね。ただ、このまま栄養士になって就職という道が見えてきたとき、その前に何か違うことをやってみたくて、留学を決めたのです。留学で刺激を受け、もっと専門性を高めたほうがいいと実感し、大学院へ進学しました。

江原　その後は順調に栄養士として就職をしたのですか？

圓尾　実は栄養士ではない就職を考えて、いったん決まりかけたのですが……。

江原　栄養士の道から一度、それたのですね。

圓尾　はい。それが結局ダメになりまして、これからどうしようかなと思っていたとき、イギリスのシェフ、ジェイミー・オリヴァーのドキュメンタリーをたまたま観たのです。子どもたちの食育にとても熱心で、給食を改革するなど精力的に活動をされている方なのですが、彼の活動に刺激を受けて、また栄養士として頑張りたいという熱い思いがわいてきたのです。そこから栄養士として就職活動を始め、病院勤務となりました。

江原　一度は栄養士の良さが見えなくなり、また戻った。いえ、戻され
た
の
で
すよ、それは。

圓尾　ああ、そうですね。今思うと、戻されたのだと思います。

江原　一度、道をそれたことも無駄ではなかったですね。

圓尾　本当にそう思います。一度、それたからこそ、「栄養士を一生やっていこう。絶対に！」と気持ちが固まったのだと思います。

江原　何ごとも偶然はなく必然です。私がたまたま動画サイトで圓尾さんの動画を観たのも、実は圓尾さんが動画での活動を始めて間もない頃でしたでしょう？　まったく圓尾さんという人を知らずにたまたま観たわけで、タイミングも天の導きのように思えます。

自ら調べてわいた食の疑問

江原　私は健康診断などで病院の栄養士さんとお話しすることがありますが、栄養指導の限界のようなものがあるように感じます。たとえば、「お忙しいでしょうからコンビニでこんな食品を買って食べるといいですよ」なんて、栄養士さんにすすめられるのですが、それが添加物のたくさん入った商品だったりすると、「本当にそれでいいの？」と思ったり。栄養士さんもお仕事だから仕方ないと思いますが、そういう葛藤はあるのではないでしょうか？

圓尾　最近は患者さんもいろいろ勉強されています。最新の情報は入ってきても、医療現場ですぐに取り入れられるわけではなく、矛盾が起きることはあります。患者さんに栄養の話をするにしても、〝病院の栄養士〟としては好き勝手なことは言えませんし。

江原　たとえば、医師が古い知識のまま、バターよりもマーガリンのほうをすすめたらそれに従うというようなこともあるのでは？　本当はマーガリンにはトランス脂肪酸が含まれていて、体に悪いはずなのにね。

圓尾　病院のパンフレットやマニュアル、医師の指示にそうあれば、その通り伝えないといけないので葛藤はあります。マーガリンに限らず、「これがベスト」というのはあるのに伝えられないジレンマですよね。病院食で言えば、効率や予算を考えつつ、衛生面もとても大事。「だからってこんなに消毒して栄養素は残るの？」という、もやもやした感情はいつも抱えていました。

江原　その経験も、やはり圓尾さんの人生にとっては無駄ではなかったでしょう？

圓尾　そう思います。病院の内側にいないとできない経験も、たくさんさせていただきました。やはり患者さんと直接接する機会を持てたことは大きいですね。生活習慣病から始まって、重症化し「もっと前もって気をつければよかった」と後悔の言葉を口にされる患者さんが多かったので、健康の大事さ、それを軽んじることはできないと、実感しました。でも重症化してからでは栄養士として何もできません。今、僕が動画などでお伝えするのは、そんな後悔する人がひとりでも減るようにという思いがあるからです。

江原　動画で多くの人に語っていると、必ずしも「いいね！」と評価してくれるばかりではないでしょう？

圓尾　でもみんなに気に入られようと、当たり障りのないことを言っても意味がないと思うのです。

江原　正義感ですね。

圓尾　海外での経験も大きいと思います。

江原　というと？

圓尾　海外に出て日本文化や歴史を改めて見直したとき、昔の日本人はもっと「日本のために」との志を持つ人が多かったと感じたのです。自分も、日本における食の環境を良くすることで、日本人を幸せにできたらという思いがあるので、そのためにできることをしたいと思っています。

江原　おっしゃるように、昔の人は「世のため、人のため」という精神がありましたね。今の人は多くが「今だけ、金だけ、自分だけ」だから。私は圓尾さんが正義感を持って闘っているなと思うのは、添加物や農薬についても、きちんと語っている点です。

圓尾　僕は添加物や農薬などについて、最初から興味を持っていたわけではないのです。

江原　動画ではたくさん語っていますが、以前はそうではなかったのですか？

圓尾　はい。興味を持ったのは、社会人になってからです。大学の授業では、それらはちゃんと国で定めた基準があるので、問題ないと教えられます。ですから僕も、オーガニック野菜などはあるけれど、普通のもので十分という認識でした。

江原　その認識はなぜ変わったのですか？

圓尾　フリーランスになってから、日本の食材を扱ったイベントで鰹節《かつおぶし》の問屋さんと知り合ったのがきっかけです。鰹節は日本の伝統食材ですが、昔とは味が変わってきてしまっているという話を聞いたのです。鰹の釣り方、鰹節の作り方が昔とは違ってきているためだそうです。ところがその違いがわかる人がどんどん減っているそうで……。鰹節は和食の根底を支えるだしですよね。だしの味が変われば、和食そのものが変わると、僕は気づいたのです。と同時に、野菜や調味料など、ほかの食材はどうなっているのだろうと。

江原　いろいろなことに疑問がわいたのですね。

圓尾　はい。食材はどこでどう作られ、運ばれて、自分たちの口に入るのかと。調べるうちに農薬や化学肥料を使った野菜と、それらを使わずに雑草を１本、１本抜いて、丁寧に育てた野菜とでは、栄養価も、味も違うことがわかったのです。

江原　実際に調べてわかった、と。

圓尾　ええ。今まで栄養素として考えていたけれど、食べ物として見ることも大事だという視点が持てました。そこからいろいろな食の疑問にも、目が向くようになったのです。

基準があてにならない嘘の時代

江原　添加物も今やたくさんの食品に使われていますね。日本と海外の比較で感じることはどんなことですか？

圓尾　先ほども話に出ましたが、今話題になっているトランス脂肪酸の扱いはかなり違うと感じます。

江原　「食べるプラスティック」と言われているものですね。

圓尾　「狂った油」などとも言われます。江原さんがおっしゃったマーガリンのほか、菓子パンなどにも多く含まれています。アメリカでは体に良くない影響があるとして、実質的には使用禁止です。アジアでもシンガポールやタイでは規制が始まっています。

江原　でも日本では……。

圓尾　今は実質的に規制がない状況です。

江原　体に悪いもののはずなのに、どうしてなのでしょうね。

圓尾　日本人はそれらの国に比べて、さほど油をたくさん摂らないからというのが理由のようです。少ししか摂らないなら、ちょっとくらい悪いものが体に入っても問題ないだろうと。

江原　う〜ん、その理論はよくわかりませんね。若い子もけっこう食べていますよ、菓子パン。それを問題ないとしてしまうなんて、ヘンな理由ですね。そもそも基準というのはあてにならないと、私は思います。原発事故後、放射線の年間被曝線量基準が引き上げられるという事態が起こりましたしね。そのとき私が思ったのは、情報を鵜呑みにしてはいけないということです。自分で勉強し、自分の許容ラインはここまでだという線引きを自らする〝責任主体〟が大事なのです。添加物を始め、食に関する情報も同じだと思います。

圓尾　添加物にはいろいろなものがあります。たとえば日持ちがする、食中毒が防げるという利点もあって、それは食べる側にとってプラスとも言える。とはいえ、ないほうがやはり自然な味わいになるのではないかと、僕は思うのです。実は今の時代、添加物を使わずに作るほうが高コストになるという現実もあります。裏を返せば、それでも添加物を使わない食品を作っている会社は、信念があるというか、信頼できると僕は思うのです。

江原　そこが圓尾さんの理性的なところですよね。「添加物は体に悪い」「発がん性がある」などとエキセントリックに訴える人も、インターネット上では少なくありません。

圓尾　それを言ってしまうと喧嘩になりますし、お互い平行線のままです。「添加物を摂ったらどうなる」以前に、「うちは使わずに作っています」という会社の食品を口にしたいと、僕は思うわけです。そういう考え方も広く伝えていきたいなと思い、動画で語っています。

江原　その考え方はよくわかりますし、共感できます。今は、何もかもが嘘の時代です。だからこそ本物を大切にしたいし、責任主体で選んだいいものを食べたいですからね。本当に美味しいものって何？　本当のご馳走って何？　それをよく考えたいですね。それに先ほどおっしゃった、添加物を使わずに作るほうが高コストになるというのは、結局は物質的価値観による視点です。日持ちもしてほしいし、安くもしてほしい。どうして人は、こんなにわがままになってしまったのでしょうね。それも食べ物に対して。必要なものにはお金をかけるべきでしょう。そもそも手間暇かけて作るものにはお金がかかるのですから。

圓尾　安いとラッキーとしか思わない人も多いですね。

江原　安く済ませていいこともありますが、「全部安くしたい」ではバランスが悪くなるばかりです。とくに食べ物は人間を形成するもので、さらに心まで形成するものだと思います。医食同源という言葉の通りですね。だから口に入るものだけは、どこでどうやって作られたものか、何が入っているのかちゃんと吟味したものを選びたいというのは、正常な愛念《あいねん》じゃないかと思います。

圓尾　おっしゃる通りです。

自分の口に入るものは能動的に調べる

江原　私は講演会でも、また身近なスタッフにもよく言っています。「お店で商品を選ぶときは、商品を持った手首のスナップを利かせて裏返し、原材料表示をよく見なさい」とね。コーヒーに入れるコーヒーフレッシュが実はミルクではないことも、表示を見ればわかりますから。

圓尾　はい、コーヒーフレッシュは乳製品ではありません。

江原　ミルクとは書いていないけれど、〝フレッシュ〟とついているだけで〝新鮮〟というイメージになる。「じゃあ何がフレッシュなの？　ミルクじゃないなら本当は何が入っているの？」と疑問を持つはずです。表示があいまいだとか、本当に安全なのかわからないだとか、グレーゾーンとも言うべきものはあるのです。だからよく見て、考えて、選ばないといけません。

圓尾　おっしゃる通りです。添加物扱いではないけれど人工的なものもありますから。

江原　酵母エキスとかね。

圓尾　ええ。酵母エキスは添加物ではないけれど、うまみを足す成分です。人工的な美味しさを作るものだと考えると、必要ないのではないかなと僕は思います。つまり、それが入っていないと美味しくないと感じるようになると、天然だしだけじゃうまみが足りないという味覚になっていく。そうなればどんどん味の濃いものを求めるようになりますし、食べすぎにもつながるでしょう。

江原　ひとつのことを知ると、いろいろと波及しますね。たとえばサンドイッチに入っているマヨソースはマヨネーズとは違うものだけれど、パッと見ただけでは判断できない。そのような原材料表示は多いですから、正しい知識を持つことが大事です。私も、講演会でコーヒーフレッシュの話をよくしますが、けっこうみなさん、知らずに使っています。だから伝えることは重要だと思っているのです。これからはゲノム編集食品というのも出てきます。どうお考えですか？

圓尾　遺伝子組換え食品同様、いろいろなデータが出てはいるものの、はっきりと安全とは言えないなと感じますね。これからもそういう食品は増えるでしょう。

江原　無知というのは怖いことです。知らない、調べないというのは言葉が過ぎるかもしれませんが〝罪〟ですよ。「知らなかった」と言うのは受け身だから。自分の口に入るものなのですから、能動的に「知ろう」としなくちゃ。

圓尾　それこそ調べようと思えばインターネットでも調べられる時代です。

江原　圓尾さんにも動画を始め、啓蒙活動にもっと活躍してもらわないといけませんね。

圓尾　頑張ります！

江原　良い食品を選ぶとお金がかかるという人には、「ほかに無駄な買い物をしていませんか？」と尋ねたいですね。私も以前はコンビニエンスストアで、つい買ってしまうことがありましたが、原材料を見て吟味していると〝つい〟というのがなくなりました。それに、良い食材を選んで家で自炊をすると外食が減るので、結果的に節約になっています。いずれにしても責任主体で選び、買い、自炊するというのは大きな意味があります。まず自己憐憫、責任転嫁、依存心という不幸の3原則から離れることになります。そして消費者が良い食品を選べば、企業だって消費者に選ばれるようなものを作るようになります。

圓尾　企業はただ売れるものを作るという目的を全うしているだけですからね。

江原　おっしゃる通り。消費者の草の根運動ともいうべき行動が広がることは大事ですよ。実際にスーパーマーケットなどでは、添加物を使わないソーセージなどの品揃えを増やしているところもあります。消費者が変われば、ニーズに敏感な企業が変わる。そうやって世界が変わるのですから。

質素な食事こそが体の感覚を取り戻す術

江原　私は以前から、日本人がお米をあまり食べなくなったことをとても危惧しています。スピリチュアルな視点から見ても、お米は育つエナジーをたっぷり蓄えたパワーフードです。食べることで食材のエナジーをいただくことになりますから、もっと食べてほしいのです。

圓尾　ご飯はお米と水があれば、あとは炊くだけですから無添加食品ですしね。

江原　そう、無添加！　安心です。日本文化も含め温故知新は大切です。食の面から見ても、もっと和食に立ち返るべきですね。圓尾さんは留学後に、和食でダイエットもされましたからその良さはよくおわかりだと思いますが……。

圓尾　僕はご飯と味噌汁という和食の基本形を〝和ごはん〟として、すすめています。

簡単に作れますし、栄養面でも優れているからです。和ごはんの生活に切り替えてから、僕は体温が上がって風邪を引かなくなるなど、ダイエット以外でも健康を実感しています。

江原　体質改善もできたなんて、すばらしいですね。私自身、料理をしますが、味噌汁に入れる具材をカットして冷蔵庫にストックしておけば、あとは煮るだけ。早くて簡単、すぐ作れます。

圓尾　忙しい人でもすぐできますね。

江原　切り干し大根やひじきの煮物といった和総菜は家で簡単に作れますし、添加物の量もかなり減りますよ。

圓尾　ミネラル分などの栄養価も高いですしね。先ほどおっしゃっていたように作り置きもできますから経済的です。

江原　それに和食には漬け物というすばらしい発酵食品がありますね。

圓尾　そうなのです！　腸内環境を良くするために乳酸菌を摂ることを心がけてヨー

グルトを食べる人は多いのですが、漬け物で十分だと思います。味噌や醤油、納豆などの発酵食品も、和食にはありますし。

江原　和食で腸内環境も整えられるわけですね。先ほどだしの味について言及していました。鰹節の味が変わってきているのにその違いを感じ取れなくなっていると。私は、体の感覚を鋭敏にするには、質素な食事をしばらく続けることが必要だと思います。たとえばインスタント食品など人工的な味つけの加工食品ばかり食べていれば、味覚もマヒしてしまうでしょう?

圓尾　酵母エキスについてお話しした通り、加工食品は味つけが濃いですから、その可能性はありますね。

江原　それをシンプルな和ごはんにすることで、いったん、塩抜きするような食生活にして敏感な味覚を取り戻す。そうすれば自分の体についても、いろいろと敏感に感じ取れるようになると思います。でもシンプルな食事だとか、素朴、質素な食事と言っても、具体的にイメージできない人もいるかもしれませんね。

圓尾　栄養士の立場からすると、質素な食事とは、加工度を減らした食材を使うということです。ソーセージやハムは加工食品の代表ですが、肉という素材の形が残っていませんよね。何からできているのかわからない食品は味つけも濃くなるので、なるべく減らしたほうがいいのかなと思います。納豆なら豆とわかるし、焼き魚は魚とわかる。ですから昔ながらの和食はシンプルで素朴、質素な食事と言えるでしょう。インスタント食品や加工食品を減らすというのがひとつのポイントだと思います。

江原　質素で素朴な食事というのは、実は体にとって贅沢なご馳走ではないでしょうか。だしを取るのに鰹節を削るなど手間暇かけて料理するのはある意味、食道楽でしょう？　私は悩みごとがある人に対して、愛を込めて「悩むヒマがあるのですね」と言います。現代人は時間の活かし方を間違えていると思うからです。時間の節約をするために便利な家電製品や加工食品を利用しているのに、できた時間で悩んでいる。本末転倒ではないかとね。毎日、食べることに真剣に向き合っていたら、悩むヒマなんてないはずです。だから、「どうして現代人は変わってしまったのだろう」「日々の食べ物の影響で思考まで変わってしまったのではないか」「あなたは本当のあなたですか？」と言いたくなるのです。

人それぞれのデトックスの仕方

圓尾　基本の食事がしっかりしていれば、多少良くないものを摂っても、揺るがない体にできると僕は思います。

江原　なるほど、おっしゃる通りですね。安全なものを食べたいと思っても、今の社会では完璧にはできません。農薬だって、遺伝子組換え食品だって、気をつけていてもいつのまにか食べていることがありますから。そこで神経質に「あぁ、食べちゃった！」とか、逆に「食べるものがない！」とストレスになっては意味がありません。食べ物で心も形成すると言いましたが、心が苦しくなる食べ方では本末転倒です。だからこそデトックスは重要だと思います。ヒポクラテスの時代から、ファスティング（断食）の考え方はあるようです。圓尾さんは栄養士として食事の仕方についてお話しになりますが、別のところではファスティングの指導もなさっているでしょう？食べることを導く栄養士が〝食べないこと〟をするなんて、と言われませんか？

圓尾　栄養士の先輩など、同業者からそう言われることがあります。大学で学ぶのは「必要なものを、全部ちゃんと摂りましょう」ということだからです。

江原　足し算なのですね。

圓尾　はい。1日3食、きちんと食べましょう。ビタミンはこれぐらい摂りましょう。不足するとこうなってしまいますよ、というプラスの考え方です。僕自身、最初はファスティングを否定していた部分があったので、食べずに健康になれるはずがない、と批判する人の気持ちもわかります。しかし栄養学はどんどん変わっていて、成人したら必ずしも1日3食、食べなくてもよいという考え方も出てきました。

江原　私自身は、ファスティングによって臓器を休ませるというメリットもあると思うのです。

圓尾　消化をしないぶん、デトックスにエネルギーを使えることになりますからね。

先ほどおっしゃった味覚のリセットなど、体のメンテナンスにも役立つと思いますよ。

江原　ただファスティングにもさまざまな方法論があって、合う人、合わない人がいますから慎重になるべきでしょう。病後などで栄養を積極的にとるべき人もいますから。そういう意味では賛否両論ありますし、誰もがやるべきだとは、私も思いません。

圓尾　ええ、薬を飲んでいるなどで、ファスティングできない人もいます。

江原　自己流で行って事故が起こることもあると聞きます。やみくもに始めるのではなく、まずは今の食事を見極めて、良い食べ物を選ぶなど改めつつ、食べながらデトックスを考えることも大事です。それもまた責任主体で、自分に合った方法を選ぶべきですね。

圓尾　その通りです。やっぱりその人、その人によって違うので、自分の体の感覚は大事だと思います。

江原　体を休ませるという意味では、現代人は目や脳などをもっと休ませたほうがいいですね。多くの人はスマートフォンやパソコンなど文明の利器に囲まれています。

寝るまでずっとスマートフォンを手にしている人も多いと思います。文明の利器もファスティングして、本来の健やかな自分を取り戻してほしいですね。食を整え、暮らし方を整えれば、いろいろな感覚を取り戻せるし、たましいの声にも耳を澄ませられます。そうすればたましいからのメッセージだって、感じ取れるはずです。私は自分を見つめる内観が大切だと、いつも申し上げているのですが、静寂がなければ内観はできません。意識して静寂を選び、たましいと向き合うことで、人間としての自然な姿を取り戻してほしいと思います。

第3章

症状別
スピリチュアル・
メッセージ

◉さまざまな心身の不調をスピリチュアルなメッセージでひもとくとともに、栄養学の見地からのフィジカルなサポートも探ります。ここで挙げる体の不調は、たましいの視点から見たアプローチであるため、医学的なものとは少し違う部分があります。それを踏まえ、内省のためのひとつのヒントとして役立てていただきたいと思います。「郷に入っては郷に従え」と言うように、現実的な肉体のケアは、現世で生きるためには必要です。不調がある場合は、医療機関を受診し、診断や治療を受けることは必須です。また健康診断や予防のためのケアも大切です。そのような前提があればこそ、肉体とたましいを上手にコントロールしながらこの世を生き抜くことができるのです。

……生活習慣病など……

❖高血圧

血圧は感情とリンク！　瞑想と音楽でたましいをクールダウン

ドキッとすることがあると血圧が上昇するように、血圧は感情と連動しやすいものです。たましいの視点から見ても、短気で、何かにつけてカッとしやすい人や、せっかちで前のめりなタイプだという人は、高血圧に気をつけたほうがいいでしょう。なかでも怒りは血圧と直結しやすく、イギリスのあるヒーラーは、血圧を〝怒りの表れる場所〟と語っています。

そこで高血圧な人におすすめしたい、スピリチュアルなアプローチは呼吸を意識したメディテーション（瞑想）です。

鼻で息を吸って、口からフーッとゆっくりと吐く。1日に5〜10分間、このメディテーションをしてみてください。最初から10分間行うのは難しいかもしれません。そんなときは「できない！」とイライラせずに、「いずれできるようになればいい」と気持ちを切り替えて。短い時間でも続けていると、だんだんとたましいのイライラも解消されていくはずです。

もうひとつ、普段の生活でぜひ行ってほしいのが音楽療法。ゆったりしたテンポの音楽をBGMのように流しましょう。そのテンポに体のリズムを合わせて整えるのです。

歌が入っていても、いなくてもかまいません。大事なのはあくまでテンポ。速いテンポだと血流や脈も速くなりがちだからです。血圧の高い人は、深い睡眠を得られないなど睡眠の質も低下しがちですが、この音楽療法は良い眠りを導いてくれるというメリットもあります。

実は、血圧は感情を表すオーラとリンクしています。仏像や聖人像には後光のようなものが描かれますが、これは感性豊かな人が視《み》たオーラを芸術的に表現したものです。

お不動様の背後に描かれる炎は、怒りのオーラです。一瞬で大きく燃え上がる赤い炎は、怒りで血圧がわーっと上がるイメージそのもの。私が視えるオーラでも怒りでカッとなる人は赤く、血圧も高いようです。一方、冷静で落ち着いた状態の人のオーラは、青など寒色系。落ち着いた状態ならば血圧も低いでしょう。

今の時代は、誰もが追い立てられるようなスピード感のなかで生きています。とくに都会では、非常識な人たちや理不尽なことに直面し、何かにつけて怒りを感じながら暮らしている状態。ゆったりと瞑想するような生活とはかけ離れているのですから、高血圧の人が増えるのも理解できます。そういう意味では、思い切って田舎暮らしを選ぶなど生活環境を変えると、寒色系のオーラでいられる時間が増えるかもしれません。

開運アドバイス

ゆっくりした呼吸でメディケーションを

圓尾アドバイス

塩分を摂りすぎていないかチェック。2つのコツで上手に減塩

塩分の摂りすぎは高血圧を招きます。塩分たっぷりのドレッシングをかけないとサラダが食べられない、ご飯にはいつもふりかけをかけるといった食事の人はとくに注意を。食事の塩分を上手に控えるコツは2つ。1つはだしを効かせること。昆布、鰹、

いりこなど、だしによって風味が変わりますので、いろいろ試してみてください。
もう1つは塩分以外の味や香りを加えることです。たとえばドレッシングでレモンを加えると酸味とさわやかな香りが加わり、塩分を控えても気にならなくなります。ネギ、シソ、生姜、ゴマなどの薬味は、辛みなどの刺激や豊かな香りが、味のバリエーションを広げてくれますので、ぜひ活用を。また醤油の代わりに醤油麹を使うと、うまみがあるぶん、使う量を控えられるのでおすすめです。

（→221ページの開運レシピ「薬味たっぷりまぐろの醤油麹漬け丼」参照）

高血糖・脂質異常

コレステロール・中性脂肪値

厳しく節制するよりも、豊かに食を楽しむ視点を

高血圧と並んで生活習慣病につながるのが、高血糖や、コレステロール・中性脂肪の数値が適切な範囲を超える脂質異常です。

耳の痛い人も多いでしょうが、これらは人間の心の怠惰や甘えが生んでいる不健康さだと、私は思います。つまり、心の不健康がそのまま体の不健康を生んでいるのではないかと推察されるのです。

「ちょっとぐらいいいよね」と甘い物をつまんでしまう。「自分で作るのが面倒だから」とコロッケやから揚げなどの総菜を買ってしまう。ファミリーレストランでカロリーの高いメニューを選んでしまう。こうしたことは、誰にでも経験があるのではないでしょうか。

「つい」「ちょっとぐらい」「今回だけ」という心の言い訳が聞こえてきそうです。そして「自分に甘いってことは百も承知！」という声も。

もちろん息抜きで甘い物を少しいただいたり、たまに総菜を買ってきたりすることは、あるでしょう。でも「いけない」と思いながらもそれがたび重なるのは、やっぱり甘えがあるからでは？　そんな視点を忘れないでおきたいものです。

昔はご飯を炊くのは炊飯器ではなくお釜でした。朝早く起きて準備し、かまどの火加減を見ながら「初めちょろちょろ、中パッパ」と炊いていたのです。その音やにおいで、家族みんながいっそう空腹を感じ、だからこそ美味しくいただけたとは言えないでしょうか。

食事というのは食べる瞬間ではなく、作るところから始まっていた。そう考えると、手間も時間もかかりますが、それが逆に今の時代はとても贅沢にすら思えます。

さすがに、現代ではかまどでご飯を炊くところまで戻るわけにはいきませんが、作るところから食事が始まっていたという贅沢はまだ味わえます。そう、自炊という形で。自炊にすれば、薄味にもできますし、油控えめのあっさり料理も自由自在。そんな工夫を楽しみながら、健康にもなれるだなんて一石二鳥です。

忙しいといっても、洗濯機もない時代に比べたら、ずっとラクな時代です。そう思うと、「これ以上の便利や時短はもう必要ないかもしれない」と我に返れます。

最近は、学校での給食の時間が短くなっているそうです。しかし時間に追われて食べていては、味わうこともできません。味わうというのは、食べ物に対する感謝の表れ。なのにそれができない。だから人生の味わいもなくなり、生きることに虚しさを感じてしまう。そんな子どもたちの心の声が聞こえるようです。

食事は栄養補給だけではありません。健康のために節制するというとなんだか窮屈でしょうが、作る歓び、食べる歓び、余すところなく食事を楽しむと視点を変えてみて。気負わずに健康が取り戻せますし、人生も豊かになることでしょう。視点をちょっと変えることで自律ができる。開運もできますよ。

開運アドバイス

自炊を楽しみ自律しましょう

圓尾アドバイス

食物繊維が豊富な食材で、糖質・脂質をコントロール

自炊のいいところは食材を吟味したり、味つけを調整したりできることです。高血糖やコレステロール、中性脂肪を気にしているなら、野菜や海藻、きのこなどを使ったメニューを手作りするのがおすすめです。食物繊維を豊富に摂ると、余分なコレス

テロールの排出や、血糖値上昇を抑える効果も期待できます。米にも食物繊維は含まれますから、糖質制限でご飯を避けるのはもったいない。白米から分づき米や雑穀米に変えると糖質を抑えつつ、食物繊維も摂れます。

（→221ページの開運レシピ「雑穀米で食べるきのこたっぷりVeganカレー」参照）

❖

食の偏り　幼児偏食、味覚障害など

食を味わい、人生を味わう人になりましょう

最近のキュウリには、昔のようなえぐみや青臭さはあまりありません。トマトは酸味が減り、フルーツのような甘みが売り文句になっています。放牧され、牧草だけを食べて育った牛と、一生牛舎で繋がれて、配合飼料を食べている牛とでは、味も香りも違います。本物の食材の味とは、一体何なのでしょうか。人々が求める味が変化し、品種改良が進むなか、現代人はいつのまにか本当の味がわからなくなっているように思えます。それがもしかすると、偏食や味覚障害にもつながっているのではないでし

ょうか。

単なる好き嫌いという以上に、決まったものだけを食べる偏食にも、現代的なものが表れていると思います。たとえば、栄養バランスなどを一切考えずに、オムライスなど子どもが好むようなメニューばかりを食べ続ける大人。また、逆に栄養素だけに着目して、サプリメントや機能性食品、ゼリー飲料だけで食事を済ませてしまう人。これも一種の偏食と言えそうです。

食事は、栄養補給はもちろんのこと、味わうことまで含めて食事です。味覚を意識し、味わうことをしないでいると、日々の生き方にも影響が出てきます。それは人生も味わうことができなくなるということ。いろいろな出来事、人との出会い、関わり、すべてを味わってこその人生。人生の醍醐味などと言いますが、それがなければ、無機質な人生になってしまいます。

たとえば「味わいながら食事をするなんて、そんな時間すら惜しい」と思っていませんか？　そのぶんの時間や労力を、仕事、ゲーム、ＳＮＳなどに振り向けたほうがいいと思ったら赤信号点灯中！　たましいから「軌道修正していかないと、いつのまにか人間らしい愛念を失ってしまいますよ」というメッセージが来ていると思ってください。

人は当然ながら機械ではありません。まずは今日の食事をしっかりと味わい、食べることを楽しんで。そして人間味あふれる豊かな人生へと変えていきましょう。

開運アドバイス

味覚を意識し、人生の醍醐味を味わって

圓尾アドバイス

栄養について学ぶことで嫌いなものへの見方が変わる

偏食を直そうと、無理にでも子どもに嫌いなものを食べさせるのはあまりおすすめしません。余計嫌いになってしまうことが多いからです。たとえば1つの野菜が嫌いでもほかの野菜を多様に食べられるなら、栄養の偏りは生まれにくいので神経質になることはありません。ある程度成長したり、大人になってからなら、食材に含まれる栄養が体にどう活かされるかを知識として学ぶことが、偏食を直すことにつながります。味が嫌いというだけで食べなかった野菜も、「体に必要なものだ」と理解することで「じゃあ食べてみようか」と見方が変わるからです。

亜鉛不足は味覚障害を招きます。味を感じる味蕾《みらい》細胞は、亜鉛が不足するとターンオーバーがスムーズに働かなくなるのです。またターンオーバーのサイクルが早いので、不足するとすぐ影響が出ます。魚介類全般に亜鉛は多く含まれますが、突出して多いのはカキ。ナッツ類や肉類にも含まれますので、ぜひ日々の食事に取り入れて。

❖ 腸のトラブル　下痢、便秘など

思い癖が表れやすい腸。自分を見直すきっかけにして

腸は第二の脳と言われるそうですが、スピリチュアルな視点から見てもその通り。悩みや考え方の癖など思い癖は、下痢や便秘などの腸のトラブルに表れやすいと言えます。

とくに下痢は、自分の現状をたましいが素直に受け入れられない人に多いよう。たとえば苦手な人と組んで仕事をしなければならないときに下痢をしてしまう人。受け入れがたいのに心に折り合いをつけられず、「もうイヤ！」と思いを吐き出す。そんな思考が下痢という不調に出てしまうのかもしれません。

また、言いたい文句は山ほどあるのに言うことができず、悶々とする人は便秘になる可能性あり。不平不満をため込んだままで、上手に排出できないことが体にも表れてしまうと考えられます。このタイプは悶々と悩んで眠れないなど睡眠にも影響が出がちです。

以上のことから考えると、下痢と便秘を繰り返す人は、悩みや不満の処理においてバランスがとれない人と言えそう。不満をため込んだあげく、イライラしてグチを言うような人は、繰り返すケースかもしれません。消化不良というのは血肉にできずに出してしまうこと。つまり、たましいにおいても悩みを乗り越えて人生の糧にするということができず、ため込んだり出したりしてしまっているのです。

こうしたたましいと肉体のつながりを理解すれば、腸のトラブルのみならず、開運にも光が見えてくると言えます。

たとえば人間関係。多くの人は仕事や人間関係で悩みます。しかし問題のある相手を変えようと思ってもうまくいきません。それは不幸の3原則（自己憐憫、責任転嫁、依存心）そのものだからです。「変えるべきは自分」という違う視点を持てば、人間関係も、体調も解決の糸口が見えてきます。

もしもあなたが「自分の仕事ぶりはもっと評価されていいはずなのに、なぜ評価されないんだ」という思いが募って、腹痛から下痢へという腸のトラブルを抱えているとしましょう。正当な評価を受けられない自分の不遇を嘆きながら、抜け目なく立ち回っていい評価を得る同僚のせいで自分が評価されないと思い、上司になんとかしてほしいと願う。ここに前述の3原則があることにお気づきでしょうか。下痢という不調が「思いを募らせるだけでなく、自分はどうしたいのかを理性で考えて行動をしなくてはなりませんよ」というメッセージだとすれば、変えるべきは自分とわかります。自分が変われば、必ずまわりも変わります。

腸の弱い人というのは、下半身が安定しない人が多いようです。言い換えれば、「なんでも来い」とどっしりと構える、腹くくりができていないのです。まずは現状を受け入れる強さを持ちましょう。嫌われたくないからと、いい顔をして不平不満をためるくらいなら、ときには「嫌われて結構！」と腹をくって自分を貫いたり、行動に出たりしてみるのです。納得のいかないまま放置せず、しっかりと現状分析をすること。自分はどうしたいのか、できることは何かを冷静に見極めて、淡々と行動に移しましょう。いつのまにか、周囲も「腹の据わった人だ」とあなたへの認識を改めるでしょう。

潰瘍性大腸炎などは、たましいがなんらかの緊張やプレッシャーを感じているというメッセージの場合もあります。（１７９ページ「尿のトラブル」参照）

昨今は大腸がんを患う人も多く、日本人の死因の上位に入るほどです。腸のトラブルととらえると、不平不満が多いという思い癖も大きく関わっていると考えられます。もちろんそれだけではなく、肉体が受けるフィジカルなストレスも大きな原因と言えるのではないでしょうか。腸内環境に関する研究はここ数年で大きく進みました。とくに食の欧米化によって、日本人の腸内環境は大きく変化しているようです。私は肉食をやめてから、自分のおならが臭くなくなったことに気づきました。消化の負担が減り、腸内環境が整ったのではないかと推測しています。日本人がこれまでどんな食事をしてきたのかということと腸内環境との関係を、身をもって実感することとなり、和食の良さを改めて見直しました。今の生活を見つめ直し、食事を整えて、腸内環境を良くすることは必須です。

第二の脳として、ある種の思考が腸にもあると考えると、腸のトラブルは、脳と腸、二人の主人に仕えられないがために現れるたましいからのメッセージと言えるのかもしれません。不調をきっかけに自分を客観的に見つめて、思考の癖に気づき改善していければ、次第に幸運のスパイラルに入っていけます。

開運アドバイス

腹をくくって現状を受け入れる強さを持ちましょう

圓尾
アドバイス

無理な糖質制限は便秘の元。
良い腸内環境のためには和食を

ダイエット目的で糖質制限をして便秘になるケースが少なくありません。糖質制限で食物繊維を多く含むご飯を避け、そのぶん肉類を多く食べて腸内環境が乱れることが一因のようです。ご飯を始め、大豆や果物、野菜、海藻には食物繊維が多く含まれますが、食物繊維には水溶性と不溶性の2種類があります。水溶性の食物繊維は腸内の善玉菌のエサになり、発酵を促して腸内環境を整えます。便をスムーズに運んでくれる役割もあります。不溶性の食物繊維は便のかさを増やしてくれますが、不溶性ばかりを摂っていると逆に便秘になる可能性も。食材によって違うので、いろいろな食材を食べることがバランスをとるコツ。ちなみにゴボウは水溶性、不溶性、両方をバランス良く含み、もち麦や海藻、果物は水溶性、こんにゃくやきのこは不溶性が多く含まれます。

　水分は便を軟らかくし、油は便のすべりを良くします。特定の野菜や食材にこだわらず、幅広く摂りましょう。気をつけたいのは腸内環境を乱すと言われる人工甘味料や添加物など。甘みが欲しいなら腸にいいオリゴ糖が含まれている天然のはちみつがおすすめ。腸内環境を良くする発酵食品は漬け物や味噌、納豆など、和食にもたくさんあります。最近は塩麴や醬油麴、甘酒なども人気です。ご飯と味噌汁、漬け物や納豆というシンプルな和食は腸内環境を整える最強の食事と言えるのではないでしょうか。

❖汗・臭い　多汗、体臭、口臭など

気にしすぎかなと感じたらたましいの視点で開き直って

汗や臭いはデリケートな問題ですが、もし悩んでいるのであれば、まずきちんと病院で診断や治療を受けることが大事です。

現代人は必要以上に抗菌や除菌をする人が多く、それと同じように自分の臭いや汗を気にする人が増えたように思います。

たしかに自分の負の部分と向き合うのは、とても辛いことでしょう。でもそれは大きな飛躍のチャンスでもあるのです。なぜなら、気にしている自分をどうにかしたいという思いがあるということは、今こそその負を打ち破りたいと思っている自分に気づいたということなのですから。

ひとたび「失恋の原因は自分の体臭のせいではないだろうか」と思ってしまうと、医師から「気にするほどの体臭はありませんし、治療の必要もありません」と言われても納得できないケースも。「いや、自分がフラれるはずがない。臭いのせいだ」という考えから抜け出せない根本にあるのは、物質的価値観からくる視野の狭さです。自分自身の内面と向き合いたくなくて、臭いという別の何かに責任転嫁していることもありえます。

ならばこう思ってみませんか？　誰だって未熟な部分はあります。それを受け止め、何かのせいではなく、「私のせいでいいじゃないか」と腹をくくるのです。

今の時代は、失敗が許されない時代で、誰もが他人の顔色をうかがいながらビクビクして生きています。でもこの世で強く生きられる人は、深刻に「私はダメな人間です……」と落ち込むのではなく、「うん、私ってダメな人間なの！」と明るく言える人です。スピリチュアルな視点から見れば、どんな失敗も失敗ではなく、学びでしかありません。それがわかっている人は、「ええ、未熟です！　叩きゃ、臭いものぐらい出ますって！」と明るく言える人。だから未熟な部分を補おうと努力しながら、力強く生きられるのです。

気にしないで生きるというのは、一朝一夕には難しいことでしょう。まずは目を背けずにスピリチュアルな視点を持ってみて。

開運アドバイス

負の部分を見つめ、飛躍のチャンスに

圓尾アドバイス

アルコールの飲みすぎには注意を

汗をかくのは代謝のいい証拠ですから悪いことではありませんし、汗自体には臭いはありません。汗と皮脂が混ざり合い、そこに雑菌が繁殖することで臭いが発生すると考えられます。ですから脂っこい食べ物が好きな人が、辛い物を食べたり、アルコールを飲みすぎたりして代謝が上がり、時間が経って汗が臭くなるケースはあるでしょう。アルコール自体も、分解されてできるアセトアルデヒドが臭いの原因になるので飲みすぎに注意です。

肉食が多くなると腸の中で臭いの原因物資が作られやすくなります。腸内の悪玉菌が動物性たんぱく質を好むためです。肉類や乳製品、卵は控えめがいいでしょう。また、にんにくやネギ類は口臭の原因になりやすいので、気になる人はほどほどに。口臭の原因はさまざまで、胃腸が悪い場合や口腔トラブルも考えられますので、病院での診察・治療も忘れずに受けましょう。

【コラム・臭いと人間不信】

現代人が臭いに敏感になるのは、人間不信と無関係ではないでしょう。実は自分が臭うのではないかと気にする人がいる一方で、対極に位置する人もいます。何日もお風呂に入らなかったり、汚部屋に住んでいたり、自分の臭いをあえて消さない人です。不潔な生活を望んでいるのではありません。自分の臭いでバリアを作っているのです。その理由は、他人に侵されないよう距離を保つため。つまり人間不信からです。動物は体をこすりつけてマーキングしテリトリーを示しますが、それと似ています。

人間不信というたましいの声に気づけば、生活を変えることは可能です。自分がなぜ人間不信になってしまったのか。もっと言えば、侵されているような被害者意識はどこからくるのか。原因がもしも都会暮らしの息苦しさにあるならば、田舎に引っ越すこともできるでしょう。自分が変われば、人生は変わります。

アレルギー　食べ物や花粉など

たましいが何を拒絶しているかを知り、改善を

アレルギーは、食べ物や花粉などに免疫システムが過剰に反応し強い拒絶反応を起こす状態。たましいからのメッセージとしても同じことが言えます。つまり、世の中そのものや人間関係などへの拒絶反応が、表れているのかもしれないということです。

そもそも現代人は不自然な暮らしをしています。それに対して「自然に生きていませんよ」というシグナルが、たましいから発せられているとも言えるのです。

多くの人がアレルギーの治療として選ぶのは対症療法。原因を除去するより、手っ取り早く薬を飲んで、症状を抑え込もうとします。しかし本当ならば、自然な環境のなかで生きるのが体や心にとっていいはず。自分にとっていちばんウェルカムな環境は、果たしてどういうものかを考えてみませんか？

多くの人は「なぜ？」「どうして？」と突き詰めて考えるのが苦手のようです。たとえば、最近は高尾山あたりに住みついている猿にも花粉症の症状が見られるそうですね。ニュースなどで、鼻水や涙を流しながらくしゃみをし、目をこすっている猿の映像を見たことがある人もいるでしょう。ではその映像を見て、どう思いますか？「猿まで花粉症になるなんて、かわいそうね」「やっぱり猿だけあって人間っぽいね」で、終わっているのではないでしょうか。

私は根っからの〝なぜなぜ星人〟なので「なぜ猿が花粉症になるのだろう？」と考えます。林業を生業としている人でも花粉症にならない人はいるわけですから、猿の住処《すみか》が杉林だからというのは大きな理由ではなさそう。そこで次にわくのは、「猿はいったい何を食べているのだろう？」という疑問です。

昨今の猿は、山の開発が進んだせいでエサが減り、人里まで下りてくることが増えました。つまり食べているのは人間が育てている畑の作物など、人間と同じもの。農薬や化学肥料を使った農作物、腸内環境の変化、現代人にアレルギーが増えた理由など、さまざまな要素を考え合わせると、そこにひとつの答えが見えてくるような気がしました。さて、あなたはどんな考察をするでしょうか。

昔に比べるとアレルギー症状で悩む人は格段に増えました。それとまるで比例しているかのように人間不信を表すようなことが、世の中に増えたと感じます。わかりやすいのは駅の自動改札とお店でのタッチパネルの普及です。

かつては駅員さんが直接、切符を切ってくれました。朝晩に、駅員さんと挨拶を交わして学校や会社に通ったという方も多いでしょう。今は誰もが黙々と改札を通り抜けていきます。また、飲食店のテーブルにはタッチパネルが置かれ、注文は店員さんにではなく、タッチパネルに触れるだけ。回転寿司屋では、カウンターの向こうに職人さんがいるのに、その職人さんにではなくタッチパネルで注文をしなければならないのです。

確かに経済的には、人件費を安く抑えられるというメリットがあるのでしょう。でもその裏には、人と接したくないという人間不信があります。人件費が省ける、人と関わりたくない、この双方のお見合いが成立したからこそ、自動改札もタッチパネルも一気に普及したのです。

人間不信という根本を見つめず、人と関わらずに済む道具の利用という対症療法に走るのは、アレルギー症状を薬で抑えるのとそっくりでは？　それが高じて、周囲の人と関わらないようにと、症状が出ていない季節もマスクを外さない人が増えています。そして機械が握ったコンビニエンスストアのおにぎりは食べられても、人が握った手作りのおにぎりが食べられない人や、自分の母親が握ったおにぎりが食べられないという人も。これらもすべて人間不信の表れだと分析できます。

たましいの視点で見れば、アトピーや肌荒れなど、アレルギー症状が皮膚に出る場合も「肌が合わない」という、そのままのメッセージがあるようです。何に対して、どう合わないのかは人それぞれ。人なのか、食なのか、環境なのか、あるいはほかの何かなのか。今の生き方そのものが合わないと、たましいが訴えているのかもしれません。消去法でもいいので一度、考えてみてください。

なんでも除菌や抗菌する生活が当たり前になり、人間そのものが弱くなったということも言えるでしょう。外で泥だらけになって遊ぶ子どもは免疫力が上がるそうですが、たましいも同じ。たましいを磨くには、もっと人と関わり経験を重ねることが大事です。

開運アドバイス

対症療法に逃げず、原因に向き合って

圓尾アドバイス

まずは腸内環境を整えて。体にいい油を選ぶ手もあり

以前、病院勤めをしていたときに、アレルギーの人が増えた理由をアレルギーの専門家に尋ねました。すると「はっきりとはわからないけれど、たぶん食べ物だろう」とおっしゃっていました。食の欧米化や加工食品の増加なども一因と言えそうです。アレルギー症状が肌荒れとして現れる方もいますが、肌は内臓の鏡と言います。発酵食品を食べて腸内環境を整えることは、花粉症や肌荒れ防止に役立ちそうです。

注目したいのは、オメガ6系とオメガ3系の食用油の摂取バランス。オメガ6系が増えてオメガ3系が減ると、アレルギー症状が出やすいと言われます。具体的にはアマニ油やエゴマ油などがオメガ3系。なるべくこれらの油を摂るように心がけて。熱に弱いので、食べる直前の味噌汁に入れたり、ドレッシングとして使ったりするのが

おすすめです。また光に弱い性質がありますから遮光瓶に入れ、開封後は冷蔵庫で保管を。オメガ3系の油が多く含まれる魚を食べるのもいいでしょう。コーン油など一般的なサラダ油はオメガ6系。スナック菓子や加工食品にも多く含まれるので食べすぎには注意を。

【コラム・本当にうんざりすると人は向き合う】

アレルギーなどをちょっとした対症療法でやり過ごしているうちは、まだ自分と向き合えないかもしれません。人は「もううんざり！」「本当にイヤ！」という状況に追い込まれてこそ、「なんとかしなきゃダメだ」という気持ちにたどり着くものだからです。そうすれば、アレルギー検査や血液検査を受けて、原因を突き止めようとしたり、徹底して食事や生活環境を見直したりして、改善するために必死になるでしょう。

私自身、10代の頃はひどいアトピーに悩まされました。精神的ストレスもありましたが、両親が早くに亡くなって一人暮らしをしていたこともあり、食事や生活のリズムがかなり乱れていた時期でした。幼い頃からの親の教育もあって、インスタント食品はあまり口にしませんでしたが、それでも忙しいときは菓子パンで済ませるなど、栄養の偏りはかなりあったと言えます。

私のアトピーは全身にわたって症状が出ていて、かゆみもかなりあり、目には眼帯、手足は包帯だらけでした。そのひどさから病院では研究対象になっていたほどです。

ですから、私はアトピーに苦しみ、自殺したいという人の気持ちがよくわかります。

私がアトピーを克服した具体的ケアのひとつに滝行があります。毎日のように山に出かけ、自然の薬草を通って流れ落ちる水を全身に浴びたことで、心身ともに代謝と浄化が図られたのだと思います。滝行とともに徐々にアトピーが治まっていった私には、「水が助けてくれた」という実感があります。ですから今でも、1日2回の入浴は欠かしません。毛穴を開き、心身のデトックスを心がけているのです。

もちろんアトピーの原因や程度、治療は人それぞれ。私と同じ方法をすすめはしませんし、病院での診断や治療をしっかり受けていただくことが大切ですが、希望は持ってほしいと思います。誰にでも共通して大事なのは心身を浄《きよ》めること。入浴のほか、体のなかからの浄化も考え、食べるものにも気をつけてほしいと思います。

❖ 血液の病　貧血症、多血症など

家族は同じテーマを学ぶ学校です

貧血になりやすい人がたましいから告げられているのは、もしかすると「世の中や生きていくことへの怖れを抱いていませんか?」ということかもしれません。恐怖と感じることを「血の気が引く」「生きた心地がしない」などと言いますが、それはたましいからのメッセージでもあるのです。

そしてもうひとつ、血と聞いて思い浮かぶのは血縁でしょう。血縁には家族の絆、情という意味が込められており、夫婦など血がつながっていない家族も含まれます。

だからといって血液の病がすべて家族に直結するわけではありませんが、たとえば貧血ならば「家族のことをときどきでも思っていますか？」というメッセージが込められていないかと、考える余地はあるでしょう。

ときに家族への情が深すぎて余計な口出しをしてしまい、トラブルになることがありますよね。また、「うちはこういう家系なのだから、あなたもそれにふさわしい人間になりなさい」などとプレッシャーをかけられた家族が反発することも、ありがちでは？

血液の病は、情が浅くても、深くても、極端ではうまくいかないのが家族だと、気づかせてくれているのかもしれません。

病の種類によっては、骨髄移植や輸血など、血縁者の協力が必要になる場合もあります。それによってそれまでの家族関係や、家族に対する思い、家族の存在そのものについて、改めて考える機会となるケースも。

血液にまつわるものに限らず、病を得ると家族への、あるいは家族からの愛情に改めて気づかされるという人は少なくありません。スピリチュアルな視点では家族といえどもたましいは別。しかし、同じテーマを持って、家族という学校を選んで生まれてきたことには大きな意味があります。人生のカリキュラムに病があるとしたら、やはり家族として一緒に学ぶべきことがあるかもしれないと、思ってみてください。

開運アドバイス

家族の学びに気づくチャンスです

圓尾アドバイス

貧血には鉄分補給を。いろいろな食材で補うのが得策

貧血はやはり鉄分を補うことがポイントです。鉄分の多い食材でおすすめなのは、

マグロや鰹など赤身の魚、野菜ならほうれん草や小松菜、ほかにナッツや納豆もいいでしょう。レバーも鉄分は豊富ですが、そればかりを食べるのは大変です。鶏や豚、牛の赤身部分も鉄分が多いですし、そのほかいろいろな食材を食べるようにすればＯＫ。

昔はひじきが鉄分豊富だと言われていました。ひじきを加工する過程で、鉄製の鍋でゆでていたため、ひじきに鉄分が多く含まれていたのだとか。鉄鍋以外を使うことが増えた現在は、鉄分の含有量は減っているようです。逆に言えば、自宅で調理する際に、鉄製の鍋やフライパンなどを使用するといいかもしれません。

心がけたいのは鉄分の吸収を上げてくれる酸を一緒に摂ること。先に挙げた食材にポン酢など、酢や柑橘類をかけてみて。逆に吸収を妨げるのはタンニン。緑茶に多く含まれますので、食事中や食後すぐに飲むのはなるべく避けて。食後２〜３時間ほど空けると安心です。女性の場合は月経過多などから貧血になる場合もあります。病院での診断や治療もきちんと受けましょう。

（↓223ページの開運レシピ「小松菜と油揚げのおろしポン酢和え」参照）

❖目のトラブル ものもらい、疲れ目など

真実を見つめる目を大切にし、自分をじっくり見るチャンス

目のトラブルを通してたましいが告げるメッセージには、「もっと真実を見つめましょう」「注意深く見ていますか？」といった意味が込められていることがあります。逆に真実を見つめることに懸命になりすぎて、目の疲れに出る場合も。他人のアラ探しをしていないか、詮索好きな面がないか、あるいは親や上司など目上の人に失礼な

言動をとっていないかなど、自分の態度を省みるきっかけにしてみましょう。

また、不正や裏切りなどに対して気づかないふりをしていると、「これ以上、直視したくない」とばかりに、目にトラブルが表れることも。この世に生きていれば、見たくないものを見ることもありますし、真実を知ろうと懸命になりすぎて疲れてしまうこともありますよね。真実と向き合う、今の心の姿勢は大切です。でも「何ごとも無理をしすぎないで」と、目のトラブルを通してたましいが教えてくれているのではありませんか？　それだけ頑張っているのですから、もっと自分をいたわり、疲れを癒す時間を持っていいのです。そうすればちゃんとバランス感覚を取り戻せるようになるでしょう。

開運アドバイス

無理をせず自分をいたわって

圓尾アドバイス

アントシアニンとビタミンAを積極的に補給

目の疲れなどにおすすめなのはポリフェノールの一種で、紫の色素を持つアントシアニンという成分。ブルーベリーやぶどう、なす、紫キャベツ、紫芋、赤ジソなどに含まれます。ぶどうやなすなどは皮ごと食べるとアントシアニンも多く摂れます。夜など暗いところで目が見えにくくなる人はビタミンA不足も考えられます。うなぎを始め魚介類全般、卵、緑黄色野菜などを積極的に摂りましょう。

(→223ページの開運レシピ「紫キャベツとツナのナムル」参照)

❖ 耳のトラブル　突発性難聴、耳鳴りなど

せっかくの開運メッセージを聞き逃さないで

目にトラブルがあると、じっと目をこらして見るように、耳のトラブルがあると、よく耳を澄ますようになります。たましいの視点から見れば、これはひとつの開運のチャンスの可能性大。たましいが「もっと心の耳を澄ませば、あなたの運は拓けますよ」とメッセージを送っているのです。

仕事や家庭などにおいて、「聞きたくない」状況は起こりがちです。悪口から、図星と思うような指摘まで、いろいろあるでしょう。あなたのまわりにもこんな人はい

ませんか？　せっかくあなたがアドバイスしても、「なんで私がそんなことを言われなくちゃいけないの」と自己憐憫になったり、「余計なお世話」と素直になれなかったり、右から左に聞き流して、最初から聞く耳をもたない人。その人にあるのは、現実逃避や頑固さ。感情的になっているのです。

もしかするとその人は耳のトラブルを抱えていて、「聞きたくないことがあるのでは？」「もっと注意深く聞きましょう」という、たましいからのメッセージを受け取っているかもしれませんね。

ほんの少し理性的に考えてみるだけで、ガラリと人生は変わります。理性的になるというのは自分を省みること。聞きたくない悪口は真に受けなければいいですし、図星と思う指摘なら、ありがたいアドバイスと思って謙虚に聞き入れてみるのです。

体の不調というトラブルもありますが、実際に、周囲の人が「そんなこと言うもんじゃありませんよ」と、言ってくれる場合もあります。どんな場合でも自分に必要なメッセージは、スピリチュアルな世界からいろいろな形で届けられています。あとは聞く耳を持つことです。聞きたくないと心の耳まで閉ざしてしまうと、せっかくの開運アドバイスを聞き逃してしまうかもしれません。

開運アドバイス

心の耳を澄ませ、自らを省みましょう

喉のトラブル　失声症、誤嚥、せきなど

声は生きる力のバロメータ。たましいからのSOSです

喉が不調だと声に影響が出ます。せきや誤嚥でうまくしゃべれなくなったり、疲労などで声嗄れや失声などが起きたりすることも。いずれにせよ、声やしゃべりに影響がある場合は、「生きるための根が枯れかかっていませんか？」というSOSのメッセージかもしれません。声は音、音色であり根の〝ね〟に通じます。声は命の力強さを表すバロメータでもあるのです。

その証拠に元気で生命力にあふれている人は、声も生き生きと大きいはず。逆にシ

ョッキングなことがあって声が出なくなる失声症は、まさしく心を殺され声を失った状態。生きる根っこを失ったため声も出なくなったと言えます。

会議など発表の場で、ハキハキと発言しながらも、すぐに疲れて声が嗄れてしまうという人は、根底に「どうせ自分の言うことなんか受け入れてもらえないだろう」「本当は誰も聞いていないに違いない」という気持ちがあるのかもしれません。伝えたい思いがある一方で、人間不信もぬぐいきれず、批判を恐れながら身構えて話していると、すぐに声が疲れてしまうのです。

心にもないことを言うとせきが出るという人がいますが、心と生理現象は面白いようにリンクしています。せきが止まらないときは、誰かをせき立てていないか、追い詰めたりしていないかと、振り返ってみて。身体的なメッセージは心の不調と表裏一体なので、逆に誰かからプレッシャーをかけられていたり、ストレスに感じたりしていると、せきが出ることもあります。

また、言いたいことが言えないときは、思いが詰まって、喉も詰まりがちに。それが高じるとたましいがフリーズして、失声にまで至るかもしれません。

声はコミュニケーションに大きく関わります。それだけに人間関係にまつわるメッセージとして表れることも。喉の調子が悪いときは、言葉で人を傷つけていないかと振り返ってみましょう。余計なことを言って傷つけることもあるでしょうが、逆に言葉が少なすぎて必要なことを伝えていないために、相手を傷つける場合もあります。面と向かってではなく陰口という形で誰かの悪口を言うのも、喉のトラブルに表れる可能性あり。また、ネガティブなことを言って、自分で自分を傷つけているケースもあります。不平不満やグチもネガティブさの表れ。負のエナジーにどっぷり浸かっていては、生きる根っこも枯れてしまうでしょう。自己憐憫、責任転嫁、依存心は不幸の3原則。これらにとらわれていないかと見直し、視点を変えることが必要です。不平不満の原因を理性的に探り、解決策を見つけて、責任主体で行動していきましょう。

加齢で嚥下機能が落ちているというわけではないのに誤嚥しがちという場合は、

「心の中に呑み込めないことがありませんか？」というメッセージかも。自分の置かれている状況や身近な人との関係など、納得しようと思っても受け入れ難いと感じていると誤嚥として出てしまうのです。

若い頃はせきこんでばかりいたのに、高齢になって老人ホームで穏やかな暮らしになったらせきをしなくなったという人もいます。家を守らなければいけないという思いや、若いときにあった「こうでなくちゃ」という追い詰められた思いから解放されたのでしょう。

ひねくれた考え方をしがちな人も誤嚥に注意を。せっかく褒められたのにストレートに受け止めず、「本当は違うふうに思っているのではないか」「褒めるなんておかしい。なぜ褒めるんだろう？」と、ありもしない裏の意図を読もうとしていませんか？ただ素直に受け止めて「ありがとう」と言えばいいのに、それができない人に起こりがちです。

スピリチュアルな視点から見れば、喉を含めた呼吸器全般のトラブルには、嫉妬深さや厳しすぎるという思い癖へのメッセージもあるようです。嫉妬心から相手を束縛したり、過干渉になったり、息が詰まるような思いを相手にさせていないか、省みる必要があるでしょう。逆に自分が息の詰まる状況に追い込まれている場合も考えられます。ただそれも人のせいとは限りません。もしかしたら自分が周囲に自慢ばかりしていることで、人の嫉妬心を煽っている場合も考えられます。いずれにせよ、俯瞰して自分を見ることが大事です。

たましいからのメッセージに気づいたら、思い癖を改めるべく努力を続けるしかありません。と同時に、別のアプローチとして歌を歌うなど、丹田《たんでん》を意識した深い呼吸を身につけることは、ネガティブさを発散する術となります。オペラ歌手などお腹から声を出して歌う人は、明るくて元気な人が多いようです。深い呼吸でお腹から声を出す、表現するというのはポジティブさにつながるのでしょう。ぜひフィジカルなアプローチも日常に取り入れてください。

開運アドバイス

深い呼吸でポジティブに！

圓尾アドバイス

緑黄色野菜や果物で喉を内側から強化しましょう

喉は粘膜。粘膜強化に関わるのはビタミンAです。うなぎに多く含まれるほか、緑黄色野菜に多いβカロテンは体内でビタミンAに変わるので、ぜひ摂りたいところ。ほうれん草や人参、かぼちゃなど色のはっきりした緑黄色野菜がおすすめです。せきの原因はさまざまなので、免疫力アップで体力全体の底上げを。殺菌・抗菌作用があるはちみつ（なかでもマヌカハニーは抗菌力が強くおすすめ）や、ビタミンCが豊富なキウイやいちごなどの果物もいいでしょう。

飲み込んだものが気管に入り込んでしまう誤嚥。病院では誤嚥の心配がある患者さんの食事はとろみをつけて出すのが一般的です。普段の食事で気をつけるなら、慌てて飲み込まないよう、良く嚙むことを心がけて。昔と比べて食べ物は確実に軟らかくなっています。だからこそ嚙むことを意識するのは大切で、唾液が出やすくなるメリットもあります。

❖口腔トラブル　虫歯、歯周病、歯ぎしりなど

口は生きるためのエナジーを取り入れる大切な場所

歯にまつわるトラブルで共通するたましいからのメッセージは、「生きること、働くことへのエナジーが欠けていませんか?」ということです。歯が悪くなると食べることに支障が出ることが多いですね。食べることは生きることであり、現世では働いて稼がなければ食べられません。突き詰めて考えると、これらはつながっていることがわかります。

稼ぐためには、自分の技能を提供してお金をいただく適職が必要です。多くの人は

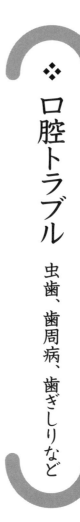

そこでさまざまなストレスを感じます。それが歯ぎしりや食いしばりといった症状に表れることも。すると結果的に歯や歯茎に悪影響を及ぼすのです。

たましいは、ときに夢でメッセージを伝えることがあります。歯が欠けたり、抜けたりといった夢には「目標や希望を失っていませんか？」という意味が込められていたりします。漫然と働いていて、仕事に対する意欲が低下しているとき、自分がなんのために働いているのかという目標を見失っているとき、また仕事への感謝をなくしているときなどは、このような夢がたましいの声を伝えていることがあるのです。

同様の警鐘を鳴らすように、口腔トラブルが出ることがあります。せっかく入った会社で、最初は意欲に満ちて働いていたのに、いつのまにか「かったるい」「めんどくさい」という気持ちが増してきていませんか？　そのまま勢いでやめてしまう前に、ぜひ「初心に返りましょう」というたましいのメッセージを受け取って。

現実的に見て、歯のケアが足りないと虫歯や歯周病になりがち。「甘えという思い癖が口腔トラブルを招く」と言われたら、心当たりがある方もいるのでは？

スピリチュアルな視点から見ると、虫歯には親子の絆のメッセージが出やすいようです。平たく言えば、親子の密着度が表れるのです。もちろんすべてがそうではありませんが、親子、とくに母子間では、絆と口腔トラブルには関連するメッセージが込められている場合が多いようです。実際に親が幼い我が子に口移しでものを食べさせることで虫歯菌が移る、と言われます。スピリチュアルな意味でも親が子どもを溺愛するなど愛情問題がからむと、子どもに虫歯というトラブルが表れたりします。

ですから虫歯のない人を分析してみると、親から早くに独立し、クールな距離感を保っている人が少なくありません。

表面的には溺愛しているようで、実は心がしっかり触れ合っていない親子もいます。たとえば両親の仲が冷めている家庭で、それを補うかのように母親が子どもに懸命に世話を焼くケース。一見すると仲の良い親子のようですが、実は子どもの心が落ち着かない状況にあると、子どもに虫歯ができることも。そのような家庭では子どもが親の歯ブラシを使ったり、自分が噛んだガムを親にあげたりと、まるで絆を確かめるような行動をとります。子どもは触れ合いたいというたましいの声に従っているだけ。結果的に虫歯という形で、たましいの声が表に出ることがあるのです。虫歯をきっかけに親子関係を見直してみると、いいのではないでしょうか。

咀嚼というのは重要です。咀嚼がうまくできなければ、飲み込むこともできませんよね。つまり咀嚼がよくできない人は、「人の話を聞いていますか?」「内容を理解して飲み込んでいますか?」と、たましいが肉体を通して問いかけているのかもしれません。

咀嚼ができないと、消化器にも影響が出ます。食べたものを血肉にできるのは、口、食道、胃腸、それらがすべてうまく機能してこそ。たましいも同じです。人の話や自らの経験や感動を、たましいの糧として自分に活かすには、受け入れ、理解することが大切。口内炎は胃腸のトラブルの表れともいいますが、逆をたどれば、たましいで腑に落ちないことがあるからこそ、口内炎もできるのではないでしょうか。せっかくのたましいの声です。しっかり受け止めれば、ストレスを解決するヒントが見つかるかもしれませんよ。

開運アドバイス

甘えを捨てれば経験や感動が血肉になります

圓尾アドバイス

甘い物とのつきあい方に注意し、ビタミンで粘膜修復を

虫歯の原因菌のエサになるのはなんといっても甘い物。とくに歯に残りやすい飴、キャラメルやチョコレートはほどほどにして、食後のケアを丁寧にすることが重要です。多くの人工甘味料は虫歯には影響しません。なかにはむしろ虫歯予防にいいとされるキシリトールという人工甘味料もあります。ただ人工甘味料は添加物ですし、わ

ざわざそのために摂るのは疑問が残ります。口内炎はビタミン不足で起こる場合があり、予防には多種多様な野菜を食べるのがポイント。歯茎も含め口腔内の粘膜を修復し丈夫に保つには、ビタミンB_2とB_6が役立ちます。魚介類や海藻に広く含まれるほか、緑黄色野菜、納豆、卵をメニューに加えれば、ビタミンB_2不足にはなりにくいでしょう。ナッツ類や玄米、納豆、バナナ、アボカドなどはB_6が豊富です。

❖ 鼻のトラブル　鼻づまり、鼻血など

自分を変えるチャンスだとたましいが教えてくれています

「ふん！」と鼻を鳴らすシーンを、お芝居などで観たことはないでしょうか。お芝居なので大げさな表現ではありますが、たいていは「ふん！　どうせアタシなんて必要とされない人間ですよ」と拗《す》ねたり、「ふん！　どうせ私のことなんか誰もわかっちゃくれないんだから」とひがんだり、心の奥にある相手への嫉妬心も垣間見えるようなシーンでありがちな振る舞いです。

また「鼻にかける」「鼻高々」といった言葉があるように、自慢げな態度と鼻はつ

ながります。

もちろんすべてではありませんが。鼻のトラブルはこうした感情と無縁ではないというのが、スピリチュアルな解釈。鼻のトラブルによって、たましいが「あなたのなかにそのような感情がありませんか？」と教えてくれている場合があるのです。

この世で自分を不幸だと感じるのは、誰からも期待されず、当てにされていないと感じるときでしょう。そこで拗ねたり、ひがんだり、不平不満を言いたくなりますが、でも「誰かがどうにかしてくれるわけもない」ということだってわかっているはずです。開運の扉を拓くのは自分で、その先の一歩を踏み出す勇気を持つだけということも。

もし今の仕事で期待されていないと感じるなら、人手不足、後継者不足が問題となっている農業へ転職してみてはどうでしょうか。介護や保育、さまざまな業界でも人材を求めています。自分の能力を活かす適職は、必ずあります。

私がこう提案すると、多くの人は「でも都会から離れられない」「だって今さらほかの仕事なんてできない」などと言います。厳しいように聞こえるかもしれませんが、それは言い訳です。残念ながら怠惰な土地に花は咲きません。

もし体の不調に気づいたら、「自分と向き合うときですよ」「最初の一歩を踏み出す勇気を持つのは今ですよ」と教えてくれているのではないかと、思ってみてください。自分らしい生き方に必要なのは何かを、きちんと見極めるチャンスなのかもしれないのです。

「世界に一つだけの花」という曲が人気で、カラオケでもたくさん歌われています。その歌の通り、自分らしい花を咲かせられる場所をぜひ探しましょう。

開運アドバイス

一歩踏み出す勇気を持てば、扉が開きます！

圓尾アドバイス

小麦や乳製品の影響による鼻のトラブルも意外に多い

　鼻粘膜を正常に保つにはビタミンAが役立ちます。うなぎを始めとする魚介類、人参、かぼちゃ、ほうれん草などの緑黄色野菜を積極的に摂りましょう。鼻づまりの原因がアレルギーという人も多いですが、アレルギーの診断は出ていないのに、症状が出る人もいるようです。とくに小麦や乳製品を摂ることで、なんとなく鼻水が出る、鼻づまりになるなどアレルギーに似た症状が出る人も。もしかしたらと思う人は、2週間ほど、小麦や乳製品を食べない生活をして、体調の変化を観察してみてください。小麦や乳製品は意外といろいろな食品に含まれています。パン、麺類、菓子、ホワイトソース、餃子の皮、カレーのルーなどにも。原材料名をよく確認してみてください。

（→223ページの開運レシピ「かぼちゃの酒粕豆乳シチュー」参照）

❖免疫力の低下　かぜ、インフルエンザなど

フィジカルなケアで人生の免疫力を上げる

多くの人が除菌や抗菌に敏感な時代、そのニーズに応えるような商品が多く出回っています。除菌・抗菌スプレーをあちこちにかけたり、除菌効果のあるウェットティッシュが手放せなかったりする人も多いようです。それが高じると、長時間手を洗い続けてしまうなど自分を追い詰めてしまうケースも。しかし除菌や抗菌ばかりに重点を置くと、免疫力は逆に低下するのではないでしょうか。

私は免疫力の低下と、物質的価値観に重きを置く今の時代は無関係ではないと思っ

ています。物質的価値観に振り回されている現代人の心のもがきが、免疫力を低下させるような生き方につながっているのではないかと分析できるのです。

そもそも除菌や抗菌をしないと落ち着かないというのは、菌やウイルスにさらされることを恐れてビクビクしている証拠。まるで人と関わるときに、トラブルが起きて自分が傷つかないよう言葉を選んだり、その場の空気を読んだり、ビクビクしながらつきあうのと同じです。とくに今の若い人たちは、事件や事故に巻き込まれるのが怖いから海外留学はしないし、車の運転もしない。告白してフラれたら立ち直れないからと、恋愛そのものを避ける傾向にあります。自分で自分に抗菌スプレーをかけているのと同じではないでしょうか。

傷つきたくない、失敗したくない、冒険したくないというスタンス。このような成果主義は物質的価値観そのもの。もし除菌や抗菌に頼っている傾向があるなと思ったら、人生に対してもビクビクしていないかと振り返ってみて。

最初は天ぷらを揚げるのにビクビクしていた若妻が、だんだん慣れて、素手で天ぷらを揚げるようなお母さんになるには、経験が必要ですよね。少しずつ強くなるのは人間の心も、体も同じです。経験の積み重ねと、喜怒哀楽というさまざまな感動を得て、人生の免疫力もだんだんと上がります。たましいは傷つくのではなく、磨かれるのですから。

もちろんかぜやインフルエンザには、手洗いやうがいなどの予防は必要ですし、かかったときは十分に休むことも重要。そうした現実的な対処も含めて体力の底上げを図りつつ、時間をかけて免疫力アップをしていきましょう。

開運アドバイス

経験と感動で、たましいを磨きましょう

圓尾アドバイス

腸内環境を整えると免疫力もアップ

免疫の6〜7割は腸内環境に左右されると言われています。免疫力アップには腸内環境を整えることが大切。発酵食品と食物繊維で腸内環境を整えましょう（90ページ「腸のトラブル」参照）。きのこは食物繊維の一種であるβグルカンが豊富に含まれます。これが腸に働きかけて免疫力をアップさせるというデータもあります。きのこの種類によって多少の差はありますが、おしなべて含まれていますので好みで選んでOK。また乾燥、冷凍、加熱、いずれも食物繊維には影響がないのでさまざまな調理法に対応できます。ビタミンCも免疫力アップには欠かせません。野菜や果物に多く含まれますが、茹でると水に溶け出すので、生野菜やキウイ、いちごなどの果物類で摂るといいでしょう。（↓220ページの開運レシピ「食物繊維たっぷり具だくさん粕汁」参照）

痛み、手・足

❖肩こり　四十肩、五十肩など

責任の背負いすぎが原因。もっと柔軟に生きていいのです

四十肩や五十肩など肩こりからくる痛みは、病んだ現代を象徴するものではないかと私は考えます。現代の労働は、昔のそれとは量も質も違います。便利なものが増えた一方で、できた時間を仕事に費やし、あげくは過労死が問題になるほどです。

体を動かさなくなり血流が悪くなったという、フィジカルな面はもちろんあるでしょう。それに加え自らが背負うさまざまな責任、その重さにたましいが悲鳴をあげているメッセージとも考えられるのです。

たとえば昔はお産の直前まで畑仕事をしたりするのが普通で、だからこそ安産だったという説があります。だから今の時代でも妊婦さんに働けというのではありません。かつては農耕民族として体を使う労働が、逆に体を健康にしてくれた一面があったのではないか。その視点は忘れてはいけないように思います。

仕事のしすぎというのは、「全部、自分でやるしかない」という一種の思い癖からくるものです。ほどほどに働くというのがいちばん難しいことは、私自身も実感しています。いくらのんびり構えようと思っても、自分の都合だけではいかんともしがたいのが、仕事だからです。

もしワークシェアリングができるのであれば、すべきでしょう。それができない仕事ならば、周囲のサポートを得ること。つまり「肩の荷を下ろす」には、柔軟性を持つことがとても大事です。

昔の人は、「私がいなければ仕事が回らない」という意識はあまりなかったのではないでしょうか。そう思う前に、毎日、毎日、畑で働いていたはずだからです。そう考えると、「私が……」と、一身に責任を背負うこと自体、語弊を恐れずに言えば傲慢なのかもしれません。

肩こりから首のこり、そして手のしびれにつながるケースがあります。こうした症状から考えられるたましいのメッセージは「肩肘張って生きていませんか？」ということ。「今さら頭なんか下げられない」というような頑なな気持ちがないか、省みてみましょう。

そしてもうひとつ、自然に反した暮らしも、心身のこりを招いているのではないでしょうか。日本ではどこでもネオンが輝き、機能重視の街づくりがされています。一方、海外では歴史ある風景がそのまま残っている国も少なくありません。歩くだけで心安らぐような美しい街並みであれば、芸術に親しむ心のゆとりも生まれるでしょう。環境も生き方も、もっと自然にかなっていれば、肩こりは減っていくかもしれません。

肩肘張らず、肩の荷を下ろして

圓尾アドバイス

血行不良の改善を目指し
ナッツや魚介類を摂って

肩こり解消のために血行を良くしたいときは、ビタミンEを積極的に摂りましょう。植物油にも多く含まれますが、毎日の食材としては、ナッツや魚介類がおすすめ。また野菜ならかぼちゃ、ニラ、赤ピーマン、ブロッコリーなどがいいでしょう。冷えると血行も悪くなります。手軽に温めたいなら、生姜や唐辛子など体を温めるスパイスを料理に取り入れてみて。冷たい飲み物よりも、温かい飲み物を積極的に選ぶといいったことも日常では大切です。

（↓220ページの開運レシピ「和風アーモンドドレッシングのサラダ」参照）

腰痛 ぎっくり腰、慢性的な腰の痛みなど

「信念を忘れずに生きていますか」というたましいの問いかけ

腰という漢字のつくりは「要」。生き方の要となる部分にまつわるスピリチュアルなメッセージが表れるのが腰です。

では生き方の要とはなんでしょうか。自分という軸、「自分はこう生きる」という信念です。それを見失い、「ああでもない、こうでもない」とフラフラ迷いが出て、不平不満が多くなると、腰痛や、急にぎっくり腰を患うという場合があるのです。

たとえば、それまで信念を持ってバリバリ働いていた人が定年間近になって、ふと

生き方に迷いが出た。「なんだかもう働くのはイヤだな。家庭もめんどくさい。卒婚でもして、ひとりになろうかな」と思ったとたんに、腰が痛くなるということもあります。

たましいのメッセージを受け止めたら、これからの人生に対する指針、軸を立て直すチャンスととらえてみてください。「自分の人生、もう一度、きちんと見つめ直さなければいけないな」と真摯に向き合えば、そこからの人生は開運へと舵を切る方向へ進みます。

腰痛のメッセージとして、もうひとつ言えることがあります。それは「謙虚さを失っていませんか？」ということ。よく謙虚な人は「腰が低い」などと言います。腰が痛くなると、たいていは腰を曲げるような動作をしがち。つまり腰を低くせざるをえないことで謙虚さに気づくのです。

人生に迷いがあって腰が据わらない状態は、裏を返せば傲慢とも言えます。人生哲学を忘れなければ、己をいつも客観的に見て、謙虚に生きようとするはずです。生きる要を見失わない視点が大事だと、たましいは教えてくれているのかもしれませんよ。

開運アドバイス

人生の指針を立て直すチャンス

圓尾アドバイス

血行を良くし、男女ともに冷えにも注意を

腰痛にはやはり冷えが大敵です。冷えを自覚しない人は多いですが、男性にも冷え性の方がかなりいます。血行を良くし、体を温める生活を心がけましょう。１４３ページの「肩こり」のアドバイスもぜひ参考に。

（→２２０ページの開運レシピ「和風アーモンドドレッシングのサラダ」参照）

❖ 手・足　手足のケガ、魚の目など

「手を出すな」「手に負えない」が開運のキーワード

何か新しいことをしようとしているときに手や足にケガをすると、水を差されたような気持ちになることもあれば、実際に計画に遅れが出ることも。ここで「ツイてないな」とくさったり、逆に「ケガなんかで遅らせられない」と強引に推し進めようとしてはもったいない！　実はそれがありがたいスピリチュアルなメッセージという可能性も。「このまま進めて大丈夫？」「今は始める時期ではありませんよ」と伝えようとしているかもしれないからです。

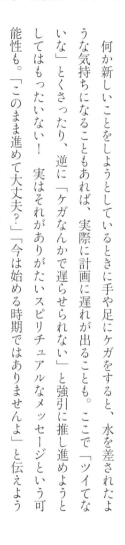

はっきりと「手を出すな」「足止めです」「それは自分の手に負えないことだよ」とストップをかける意味だというケースもあります。水を差されたような気持ちになったら、再度、計画を一から見直すいい機会だと思いましょう。

「急がば回れ」という言葉があるように、立ち止まったり、回り道をしたりしたおかげでものごとがうまく進むこともあります。やめたおかげでそれ以上ひどい状態にならずに済むかもしれません。

足に魚の目ができるのも同じようなスピリチュアルな意味合いがありますが、歩けなくなるケガとは少し違います。なぜ魚の目ができるかと考えてみると、歩き方に無理があるかもしれませんし、靴が合っていないのかもしれません。つまり、心身ともになんらかの足手まといになることがあるのかもと、考えたほうがいいでしょう。

「今のやり方が間違っていないか」「目的のために手段を選ばずといった方法をとっていないか」「強引すぎないか」など、無理を指摘されているのでは？

大きなケガではないけれど、ひどい手荒れなど何らかの痛みで手が使いにくいときも、同じように、一旦立ち止まって考えましょう。短絡的に「進め」「止まれ」というサインとは限りません。その塩梅《あんばい》を見極めるには、何ごとも冷静に状況を分析し、じっくりと自分で考えることが大切です。

焦らずにこれも開運のチャンスととらえてみて。

開運アドバイス

足止めは計画を見直すいい機会です

❖リウマチ　手足の関節の腫れ、痛みなど

グレーという選択肢があると気づけば、人生はもっと広がる

自己免疫システムが誤作動を起こすことで起きるリウマチ。たましいからのメッセージで挙げられるキーワードは柔軟性です。

柔軟性を失うと、視野が狭くなりますし、「こうじゃなきゃダメ」と自分に対して厳しくなってしまいます。無造作に置いてあるペンが目の前にあったら、まっすぐ置き直さないと気が済まないというように、ささいなことにもこだわりが強い人は気をつけて。

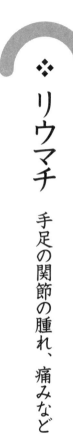

自分に厳しい人は、他人にも厳しくなりがちです。「自分のまわりにはモラルのない人が多すぎる」と感じていたり、これまでの人生で、「私はいつも正しいことを言ったり、したりしているのに、なぜか人には受け入れられない」という思いはありませんか？

たしかにモラルも正義も大切です。でも現世を生きていると、白黒はっきりつけられない場合がときにはあるもの。白か黒かで言えば黒であっても、「今はグレーとしておいてもいいよね」という柔軟性や懐の深さ。それを忘れないようにすると、とてもバランスのとれた人になれます。

また、言い方というものもあります。正義を振りかざし、相手を責めたり、裁いたりするような言い方では、相手は追い詰められて萎縮するばかり。いくら正しいことでも、言い負かすような勢いで理屈を並べられては、相手は素直に聞けません。

「私の言うこと、どこか間違っていますか!?」と強く言われたら、誰だって「間違ってないけれど、でも……」と思います。

まずは、どうしたら相手の心に届くだろうかと考えてみましょう。思いは言葉になり、態度に表れますよ。

手足が痛みで思うように使えないときは、手足のケガと同じメッセージがある場合も。自らの強引さを、たましいが諫《いさ》めてくれているのかもしれません。家族や同僚に強く出てしまう人は多いですが、身近な相手こそ立場を思いやるという意味での柔軟性も大切です。

開運アドバイス

柔軟性を忘れずに懐を深く！

せっかくの正義感なのですから、もっと上手に扱えるようになりましょう。懐の深い言動が実践できるようになれば、周囲とぶつかる場面が減るだけでなく、きっとまわりからも信頼され、ものごともスムーズに回るようになっていくに違いありません。

❖帯状疱疹　水疱、痛みなど

触れてほしくないことや思い癖のメッセージ

帯状疱疹は、ストレスや疲れによる免疫力の低下に伴って起きると言われます。症状が出ると、皮膚がピリピリと痛んだり、水疱ができたりして、触れるのを避けるようになります。

たましいも同じように訴えているのではないでしょうか。つまり「もう本当に触れてほしくない」「関わりたくない」何かがあるのだと。

心身ともに弱っているからこそ、心も体も、触れると「痛い」という状態になっているのです。やはり単なる不調よりも、痛みというのはそれだけ強いメッセージが込められていると言えます。

忙しくて体を休めたほうがいいとわかっていながら無理を続ければ、限界がきます。「もう働きたくない！　疲れた！」という緊急メッセージかもしれません。単に潜んでいるウイルスが免疫力の低下で暴れただけと片付けず、まずは自分を癒してください。

開運アドバイス

ゆっくり休んで、生活全般を見直しましょう

ゆっくり休んだら、疲れを招いている生活全般を見直しましょう。そして次に、ストレスと感じていることは何かを考えてみて。焦らずに順を追って、無理をしてしまう思い癖を分析しながら、自分と向き合ってみてください。

圓尾
アドバイス

疲労回復から休養まで
症状の度合いに合わせて対応を

疲労回復にはさまざまなアプローチがあります。レモンやオレンジなど柑橘類にも多く含まれるクエン酸を摂ったり、うなぎやドジョウなど滋養のあるものを食べたりするのもいいでしょう。ですが現代人は、逆に食べすぎて疲れている場合もあるのです。消化は意外と体力を使います。とくに熱があって寝込んだときなど、食欲がない場合は無理に食べないという選択肢もあります。脱水症状にならないよう水分補給を心がけ、あとはとにかく休養に専念しましょう。

……女性に多い不調……

❖更年期障害

のぼせ、イライラなど

更年期の症状には自分の生き様が出ます

更年期というのは誰にでも訪れます。ただ更年期障害は個人差が大きく、症状の種類や強弱が幅広いと言われます。また、更年期障害としての症状はあまり顕著ではないのに、更年期にがんなどの病気を患う人もいます。

たましいの視点から見れば、それまでの自分の生き様が集大成のように表れるのが更年期だと考えられます。人生の課題や自分の気質が、如実に現れると言ってもいいでしょう。

とくに女性が更年期を迎える年齢は、肉体的な変化、ライフサイクルの変化に大きな波が訪れる時期です。そういう意味でも集大成であるがゆえに、症状が強く出る人もいるのです。

たましいには男女の差はありません。たましいが現世に生まれてくるとき、肉体という物質が必要になり初めて、男性か女性か、どちらかの着ぐるみ（肉体）を選ぶのです。ですから本来は、男性か女性かはただの役割に過ぎません。とはいえ女性で生まれた人は、その役割を選ぶ意味をちゃんと持ち、女性としてどう生きるかというカリキュラムを自分で選んでいます。

たとえばある人は、前世で男性を経験し、次は女性として生きてみたいと思ったかもしれません。あるいは前世でも女性を選び、そこでクリアできなかった女性としての生き方に再チャレンジしたいと思って選んだかもしれません。

またある人は「前回は女性として業の深い人生を送った。その反省から次はもっと感情を抑えたやさしい女性として生きよう」と思った。ところが身についた気質はなかなか改善できるものではなく、やはり今の人生でも強情で厚かましく、業の深い人生を送りながら、懸命に学んでいるのかもしれないのです。

男女を問わず、人というのは誰もが未熟です。未熟だからこそ、何度も生まれ変わりながら、経験と感動を重ねて、少しずつでも改善できるよう努力を続けています。その改善のきっかけをくれるのが、人生で起こるさまざまなトラブルや悩みです。

誰もがつつがない人生を望みますが、それではたましいは成長できません。思い通りにならないことやつまずきがあり、それを乗り越えることで成長できるのです。

更年期に起きるさまざまな症状は、そうした気づきを与えてくれるもの。人生の後半戦にさしかかって、「これまでの生き方を振り返ってみてごらん。このままでいいの?」という、愛あるメッセージと言えるでしょう。

もちろん更年期の症状はのぼせやほてり、イライラなど多岐にわたりますし、人によってはとても辛いでしょう。医学的な部分は専門家に委ねますが、薬など治療でもかなり軽減されるそうです。ほかの病気が潜んでいることもありますし、無理に我慢せず、肉体的なメンテナンスはぜひ受けましょう。

こうした肉体の不調から更年期うつなど心を病む人もいます。スピリチュアルな側面から言えば、それがきっかけで憑依を呼ぶことがあるのです。とはいえ憑依は憑く霊が悪いのではなく、憑かれる自分が悪いというのがスピリチュアルな法則。肉体の不調にまかせて、たましいの波長が下がっているのを見過ごしては、負のスパイラルに落ち込むばかり。心身のメンテナンスは必須と考えてください。

「老い」を受け入れられず、老いイコール恥ずかしいと思っている心が、更年期症状に映し出されることも。人は隠しごとがあるとヘンな汗をかくことがありますが、更年期の症状ともよく似ています。

頑として「ホルモン治療は絶対にイヤ」と言う人もいますね。その頑なさや、「病院に行くのが恥ずかしい」「なぜ私がこんな目に遭うの?」という気質が、更年期障害を長引かせる原因となるかもしれません。そこから枝葉が伸びるように、うつやパニック障害といった心の不調に及ぶ可能性も。自分を俯瞰して見られない頑なさは、きっとこれまでの人生でも、たびたびつまずきの原因となったのではないでしょうか。

でもこうして更年期症状で人生を立ち止まることができたのなら、軌道修正するチャンスです。年を重ねるということは、経験を積み、たくさんの喜怒哀楽をこれまで経験してきたということ。それは若い人にはないたましいの輝きを持っている証《あかし》です。ここまで頑張ってきた自分にたましいが教えてくれたメッセージを受け取り、ひとまずねぎらいと癒しの時間を作りましょう。そして「更年期が過ぎれば自然に症状もなくなるだろう」とゆったりと構えてみて。更年期を過ぎたらやたらと元気になったという人もいますし、軌道修正、シフトチェンジは必ずできます。

実際に「いい薬があるらしいから治療しちゃおう」とポジティブに考える人は、更年期のトラブルも乗り越えやすいと言えます。そんな人はこれからの人生でも、悩みを明るく前向きに乗り越えられるはずです。

これから更年期を迎えるという方は、今から「子どもが巣立ったらこれをやろう」などと、この先の人生計画を立てておいて。それが前向きさにつながります。
自分が女性としてどう生きてきたのかを振り返り、さらなる開運人生にするきっかけをつかむのが更年期。これからの人生を明るく過ごせるかどうかは自分次第です。

開運アドバイス

老いを怖れず、軌道修正するチャンスです

圓尾アドバイス

定番の大豆製品に加えてビタミンEにも注目

女性ホルモンに似たイソフラボンを含む大豆製品は、更年期にぜひ摂りたい食品で今や定番。それに加えて注目したいのはビタミンEです。ビタミンE不足は不妊につながることもあり、性ホルモンに関わるビタミンとして知られています。抗酸化作用、血行促進作用があり、更年期に心配な生活習慣病の予防にも役立ちます。ビタミンEが豊富に含まれるのはナッツ類や植物油。なかでもおすすめは米油です。文字通り米からできる油で、ほとんどの製品が国産。国産米ならば遺伝子組換えなどの心配が少ない点も安心です。そのままでも使えますし、酸化に強いので加熱調理もOK。あっさりとしているため、揚げ物では胃もたれが少ないという利点も。米油はオリーブオイル同様オメガ9系の油。血中のコレステロール減少作用も期待できます。更年期にありがちなメンタルの不調には、セロトニン不足も考えられます。大豆製品はその点でもおすすめです。190ページの「心の病」もぜひ参考に。

（→222ページの開運レシピ「高野豆腐のオランダ煮」参照）

婦人科系のトラブル

さまざまな愛について母性の学びが教えてくれます

たましいは愛を学ぶために現世に生まれてきます。婦人科系のトラブルを理解するうえではその視点がとても役に立つでしょう。なぜなら、そのトラブルに母性の学びが反映される可能性があるからです。ただ、母性といっても子どもがいる、いないはあまり関係ありません。なぜなら母性とは人に対するやさしさや大らかさ、広い心で見守ったり、導いたりといったことまで含むからです。

もちろん子育てにおいてはそれが明確になる場面が多いでしょうが、たとえば上司と部下、習い事の先生と教え子、先輩と後輩、また夫と妻という間柄にも母性は発揮されます。

さらにはものごとに対する、自らの大らかさや心の余裕にも通じます。ですから、自分が社会とどう関わり、向き合うかという生き方にも、母性の学びは色濃く映し出されるのです。

婦人科系のトラブルを得ても、負ではなくそこに学びがあるかもしれないと思ってみましょう。愛を学ぶという大きな課題に取り組み、たましいが大きく成長するチャンスだと。

具体的にどんなケースが学びとしてあるのか見ていきましょう。

今の時代は、自分がどこまで女性としての生き方を追求するかが難しい時代です。社会は男女平等になりつつありますが、そのために逆に女性が「損をしている」と感じる場面も出てきたのではないでしょうか。

仕事が結婚するまでの腰掛けと言われた時代から、今では結婚、出産を経ても働く女性は多い。一見すると男女平等です。けれども多くの女性は「全然、平等じゃない！」と感じているのでは？

人事異動で「なんであんな仕事のできない男に役職がつくのよ！」「女っていうだけで、なぜ出世街道から外されるの？」と憤る。そうした余裕のなさが積み重なれば、心のしこりになることもあるのではないでしょうか。それがストレスとなり、やがて体のしこりへとつながるかもしれません。

「自分は正しいことを言っているのに、人からウザイと言われる」という悩みはありがちですが、これも母性に関わります。たとえ何があっても親が子を思い、子が親を思う理屈抜きの情愛が人間らしい愛でもある。だから人は、血縁のない他人にも「大目に見てあげよう」といった情状酌量の人情を持つことができる。それも母性です。つまり正論ではあっても、情け容赦ない物言いでは相手を追い詰めるばかりになってしまうのです。

正論を人に押しつけていないだろうか。自分には情けをかける余裕がないかもしれない。そんなふうに省みることが大事です。もちろん相手のためを思ってあえて厳しい態度をとることも、ときには必要ですが、根底に愛情があってこそ。いずれも自分のためという小我《しょうが》ではなく、見返りを求めない大我の愛があるかどうかが重要なのです。

それに気づいたとき、相手に愛を向けられるだけでなく、自分自身も大きな愛に包まれ、癒されることでしょう。

また、娘である自分と母親との関係に悩む人も少なくありません。これはまさしく母性の学び。いつまでも母親のことを憎んでいると、それはストレスとなり体に影響が出るかもしれません。親子でもたましいは別だと割り切りましょう。そうすれば親も子も、自律と自立で乗り越えられます。清々しい気持ちで新しい人生に踏み出せるのです。

恋愛など男女間のトラウマが、メッセージとして現れることもあります。

好きな人がいたけれどその恋は成就せず。でも結婚に憧れが強く、プロポーズしてくれた別の人と結婚。なのに「あの人のことが忘れられない」という思いが消えない。

恋人がいたが別の女性が横やりを入れてきて結局、別れることに。元カレはその女性と結婚。悔しくて腹いせにそれほど好きでもない男性と結婚した自分。「本当はあの人と結婚するはずだったのに、あの女のせいで……」という思いが渦巻く。

「人の彼氏を奪うのって達成感がある」と不倫ばかりを選んで恋愛する自分。根底にあるのは相手への愛ではなく、「自分を愛してほしい。もっとかわいがってもらいたい」という自己中心的な愛。

このようなドロドロした思いやトラウマはいつしか心のしこりとなり、体にメッセージとして表れる場合も。

また「女の敵は女」というように、女性間の悪口やいじめ、相手をおとしめるような言動も心のしこりとなりやすいので注意しなければなりません。思い、言葉、行動はすべて同じですから、行動や言葉に表さなくても思いがあるだけで、それは心の澱《おり》となっていきます。

たとえばここ数年、有名人の不倫がとりわけ注目を浴び、テレビのワイドショーなどで取り上げられるようになりました。テレビで取り上げるのは観る人がいるから。そしてその有名人にネット上で罵詈雑言を浴びせかける人もいるようです。不倫の当事者でもなく、その不倫によってなんら影響を受けるはずもない人たちがなぜそこまで興味を持つのか。それは自分のなかに、不倫をする人へのうらやましさや、不倫された経験があってイライラするなど、ドロドロとした気持ちがあるからです。自分は実行しないけれど思いは悶々とくすぶっている。だから引き寄せられるように反応する。その映し出しが社会現象として現れているのです。

自らのトラウマや情念に気づき、向き合うのは苦しいでしょう。けれども女に生まれることを選んだのは自分。人生のテーマが、体の不調に表れているかもしれません。だとしたら、たましいが「乗り越えたい」「今生で乗り越えるぞ」と思っている証です。肉体的なトラブルがあっても、「自分は女として生まれ、愛を学んで課題を乗り越えようとしているチャレンジャーなのだ」と気持ちを強く持ち、同時に大きな愛を自分にも注いでみてください。

開運アドバイス

見返りを求めない愛で自分をも癒しましょう

圓尾アドバイス

何を食べるかと同じくらい何を食べないかという視点も大事

婦人科系のトラブルのなかでも乳がんや子宮がんを含むがんは常に死因の上位を占めます。ＷＨＯ（世界保健機関）は、牛・豚・羊などの赤肉にはおそらく発がん性があり、ソーセージなどの加工肉には発がん性がある、という発表をしました。最近は大豆を肉のように加工した大豆ミートが人気。イソフラボンも摂れるので、肉の代わりに取り入れてみましょう。塩分の摂りすぎや飲酒もリスクを増す要因。また乳製品の摂りすぎが、乳がんにつながるという説もあります。とくに日本人は、戦後に牛乳が給食に取り入れられる前は、乳製品を摂らない国民でした。そういう意味では、日本人に合った食材なのか疑問が残ります。何を食べるかも大事ですが、何を食べないかという視点も持ちましょう。

❖ 甲状腺

バセドウ病、橋本病など

病を得たから気づくこと。それがたましいからの贈り物です

甲状腺ホルモンのバランスが乱れると、代謝が大きく変動するほか、人格までも影響を受けることがあります。明るかった人が急にイライラと怒りっぽくなったり、やる気を失いネガティブになったりすることも。第1章でも述べたように、ホルモンバランスというのはとても影響が大きいので、侮れません。

スピリチュアルな視点から見れば、何ごとも自分に不必要なことは起こりません。ホルモンバランスが乱れて、ネガティブな気持ちで苦しい状態を経験したからこそ、見えてくることはなかったかと、ぜひ考えてみてください。

私はよく「転んでもただでは起きるな。まんじゅうのひとつでも探してつかめ」と言います。落ち込んだとき、人からかけられる何げない言葉に支えを感じ、ありがたく思うことがありませんでしたか？　また、ささいなことで傷つき、「ああ、こんなことでも人は傷つくのだ。これからは自分も言動に気をつけよう」と学びませんでしたか？

経験と感動という宝を得たと気づけば、これからは誰も苦しめることなく、自分に対しても、そして他人に対してもやさしく、心の広い人間として生きられます。

気をつけたいのは、ネガティブな思いのまま自虐的にならないこと。あくまで理性で分析することです。「こんな私が悪い。消えてしまえばいいんだ」と考えるのではなく、そう思ってしまう後ろ向きな部分、内向的な部分があるのだと、俯瞰して見てください。

それが転んでもまんじゅうをつかむということ。ふと、目線を上げるだけで、地面の石ころとは違う何かが必ず見つかるはずですから、あきらめずに探しましょう。そのくらいの貪欲さがあれば、幸せのまんじゅうだってつかめます。

開運アドバイス

転んでもただでは起きるな。目線を上げて

圓尾アドバイス

だしは昆布以外もいろいろと豊富。トマトもおすすめ

甲状腺の病気では、ヨードを摂りすぎないように医師から言われる場合があります。ヨード強化の卵などもあるので、表示を確認しながら選びましょう。ヨードは海藻全般に含まれ、なかでも多く含まれるのが昆布。意外に見落としがちなのが昆布エキスです。だし入り味噌や寿司酢、和風の味つけがされた加工品や菓子などにも入っていることがあるので、原材料名をチェックしてみてください。昆布だしは和食に欠かせませんが、昆布以外のだしもおいしいので干し椎茸、鰹節、煮干しなどいろいろ試して。ちなみにトマトは昆布と同じグルタミン酸といううまみ成分を多く含んでいるので、昆布代わりのだしとして使えます。煮込むと細胞のなかからよりうまみが溶け出しますし、トマトの酸味もやわらぎ甘みが増します。最近はおでんにトマトを入れる人も増えましたが、理にかなっています。味噌汁にトマトを入れるのもおすすめ。ザク切りにすれば具材としても楽しめますし、汁ごと飲むと溶け出たビタミンやミネラルも摂れます。

❖尿のトラブル　尿漏れ、頻尿など

プレッシャーや緊張にたましいがサインを出しています

加齢による尿漏れや頻尿は、いわば肉の病ですが、まだ若いのに尿のトラブルがある場合は、たましいがなんらかのプレッシャーや緊張を感じているケースが多いようです。

たとえば習い事をたくさんしている子どもが、頻繁にトイレに行くというケース。本人は懸命に習い事をこなしているようでも、たましいが「あのお稽古の練習もやらなくちゃ」「このお稽古にも行かなくちゃ」とプレッシャーを感じていると、尿のトラブルとしてサインが表れたりします。

最初は頻尿だったのが、慢性的な下痢につながることも。肉体的には問題がなく、病院でも診断がつかないのに頻尿や下痢が続く場合、それはたましいからのメッセージかもしれないと、違う角度から見てみましょう。

試験がある、大事な会議で発表するなど、緊張するとトイレが近くなる人も多いですね。試験だ、会議だという自覚があれば対処はしやすいでしょう。しかし思い癖ですから、自覚すらしていない人も多いはず。緊張やプレッシャーの原因は人それぞれ。よく内観し、探ってみてください。

開運アドバイス

内観して緊張の原因を見つけましょう

圓尾アドバイス

利尿作用と脱水症状防止のバランスを見極めて

夜中にトイレに起きたくないから、寝る前に水分を摂らないという人もいますが、脱水状態になる可能性もあり、体にはよくありません。それよりも、利尿作用のあるカフェインやアルコールはなるべく避けるのがポイントです。とくに寝る前にアルコールを摂りすぎると、脱水状態になりやすいので、そのぶん水分も併せて摂る必要があり、なおのこと頻尿につながる可能性が。どのくらいカフェインやアルコールの影響を受けるかは個人差があります。普段から観察して、飲むタイミングや量を加減するようにして。

❖睡眠障害 不眠、中途覚醒など

睡眠はたましいの里帰り。エナジーチャージの大切な時間です

睡眠中、たましいはあの世へ里帰りし、スピリチュアルなエナジーをチャージしています。十分な睡眠がとれない生活は、たとえるならウルトラマンのカラータイマーが点滅しているような状態です。そのままでいると集中力や判断力が落ちたり、体の疲れがとれにくかったりと、まるで誤作動が起きるように、肉体に影響が出ます。睡眠不足が原因で注意力が散漫になって交通事故を起こしたり、病気になったり、取り返しのつかないところまで行ってしまうことも。病気のときに「とにかく寝て体を休めましょう」と言われるのは、スピリチュアルなエナジーを補給する意味でも理にかなっているのです。

良い睡眠をとるためには、規則正しい生活にしたり、寝室の環境を整えたりするなど積極的に改善を図ることが大切です。とくにたましいは電磁波の影響を受けやすいので、電化製品は寝室に置かず、代わりに観葉植物を置くようにしましょう。目覚まし時計代わりに携帯電話を枕元に置くのはおすすめしません。カーテンや寝具の色合いは落ち着いたものにし、寝るときは部屋の電気も消してください。目をつぶっていても、たましいは色や光のエナジーを感じ取ってしまうからです。

若いときは短くても深い睡眠がとれたのに、年齢とともにそうはいかなくなったという場合もあるでしょう。これはたましいのエナジーチャージに使うホースが細くなるからです。若いときは太いホースで一気にチャージできました。しかし年齢が上がるとホースが細り、同じ時間の睡眠ではエナジーチャージが足りなくなるのです。

逆にご高齢の方などで睡眠時間がやたらと長いというのは、間もなく訪れる寿命、死に向けて、だんだんとあの世で過ごす時間を増やしているというスピリチュアルな理由があります。ある意味、あの世の予習をしているようなもの。目覚めたとき脳は忘れても、たましいはちゃんとそれを覚えているので、寿命で死を迎えたときパニックになることはありません。もちろん、事故や病気などフィジカルな原因で睡眠が長くなっているなどの場合は違います。

私たちも日々の睡眠による里帰りを覚えていませんが、たましいにはちゃんと刻まれています。夢という形で覚えている場合もあります。

スピリチュアルな視点から見れば、夢には大きく3つの種類があります。1つ目は肉の夢。膝を立てて寝ていて、膝ががくんと横に倒れたときに谷底に落ちる夢を見るなど、肉体がなんらかの刺激を受けて見る夢です。2つ目は思い癖の夢。原稿の締め切りに追われている状況で寝ると、強盗に追いかけられる夢を見るなど、日頃の思いや悩み、精神状態を表す夢です。３つ目はスピリチュアルな夢。亡くなった人に会って説教されたなど、メッセージが込められた夢がその代表です。私はラジオ番組などで「江原さんが夢に出てきてアドバイスしてくれました」というお便りをもらうことがありますが、残念ながら多忙な私はその人の夢に行っていません。これはその人の守護霊が、「江原の姿を使ったほうが、この人はメッセージを聞く耳を持つぞ」と、私の姿をまねて夢に現れたのです。

夢には私たちへのメッセージが詰まっています。肉体的に寝苦しい状態ではないか。思い癖や悩みを放置していないか。夢に大事なメッセージが込められていないか、としっかり分析することが必要です。

午前０時前には寝たほうが良いというのは、スピリチュアルな視点で見てもその通りです。深夜は霊が活発に活動する時間帯。丑三《うしみ》つ時（午前2時頃）に幽霊の目撃談が多いのは、あながち間違いではありません。潮が引いて離島へ渡る道が現れるように、あちらとこちらの世界に道がつながるような時間帯なのです。ですからこの時間にしっかり眠れている人は、里帰りもスムーズ。良いエナジーチャージができるでしょう。良い睡眠を心がけ、実践する人は、開運の道を迷わず歩いている人でもあるのです。

睡眠導入剤などで強制的に眠る人もいますが、時差ボケや、夜までかかる仕事が続いて昼夜逆転したリズムを元に戻す場合など、あくまで狂った体内時計を切り替える緊急対策と思って。医師の処方以外で慢性的に使うとだんだん効果が薄れますし、そもそも睡眠トラブルの原因を解決できていないことが問題だからです。原因を探って向き合い、薬を使わずに眠れる生活や環境へと整えることが大事です。

開運アドバイス

たましいの里帰りでエナジーチャージを

圓尾アドバイス

寝る3〜4時間前には食事を終えましょう

睡眠中に胃腸が活発に動くと、眠りが浅くなります。つまり睡眠の質を良くするためには寝る前に食べないことが大事です。消化にかかる時間を考えて逆算すると、ベッドに入る３〜４時間前には食事を終えておくのが理想。仕事などで帰宅が遅くなる場合は、夕方におにぎりなど炭水化物、帰宅後に野菜入りの味噌汁やスープなどと、分けて食べる方法をとると胃腸への負担が少なくなります。

寝る前にホットミルクを飲むと眠れるという話がありますが、栄養学的にはあまりおすすめしません。牛乳は脂肪分があるぶん、消化に時間がかかるからです。眠れるのはたぶん温かさによって副交感神経が働くからだと考えると、別の温かい飲み物や入浴などでゆったりしてもいいのではないでしょうか。

良い睡眠に関わるホルモン、メラトニンを作るにはたんぱく質とビタミンB_6が必要です。たんぱく質は肉や魚、豆腐などに含まれますが、とくに鰹やマグロなど赤身の魚はビタミンB_6も豊富なので一石二鳥。ビタミンB_6は、ほかに胚芽米やバナナにも含まれます。これらは寝る前に食べるというより日頃の食事で摂るのがいいでしょう。

【コラム・夢遊病】

睡眠中に起き出し歩き回るなどの動作をしながらも、それについて覚えていない夢遊病。スピリチュアルな視点で見ると、中途半端な幽体離脱と分析できます。本来なら、睡眠中のたましいは、たましいのふるさとで自由に動きますが、肉体はこの世で物理的に休んでいる状態です。これが中途半端な状態になると、肉体がたましいに引っ張られてしまいます。たとえばたましいが、たましいのふるさとで歩いていると、肉体がその意識に引っ張られて、一緒に歩く動作をしてしまうのです。自分の意識はたましいのふるさとにあるので、この世での行動は覚えていないというわけです。

夢遊病の原因はいろいろありますが、スピリチュアルな解釈では思い癖が影響することが多いようです。考え方の癖、強いこだわりなどがあると、十分な心身のリセットができなくなり、寝ていても肉体が意識に引っ張られてしまうというわけ。多くはありませんがほかの理由として挙げられるのは、何かしらの肉体的ショックです。あくまでもスピリチュアルな視点ですが、車にはねられたり、階段から落ちたりするといった事故に遭い、体と意識の感覚にズレのような違和感が生じて夢遊病につながる例があります。

❖ 心の病 うつ、パニック障害など

頑固さという思い癖に気づいて、強みに変えましょう

うつやパニック障害は、たましいにおける思い癖が表れやすい病と言えます。それは、頑固さという思い癖。たとえば、「こうじゃなきゃダメ」と思い込んでしまうところはありませんか？　もちろん原因のすべてが思い癖ではありませんが、もしも思い当たるところがあるならば、「この頑固さが自分をネガティブな方向に引っ張ることもあるかもしれない」と客観的に見てみてください。

そんなふうに俯瞰《ふかん》して考えるだけで、もうすでに視野が広がります。「押してダメ

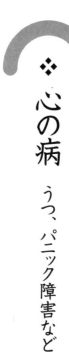

なら引いてみる」という柔軟性に気づければ、人生は大きく好転するはずですよ。

頑固さにも種類があります。信念を持って意志を貫くポジティブな頑固さは、うつにはつながりにくいようです。このタイプは、信念を守りつつも、腑に落ちることなら妥協をも取り入れる柔軟さを持ち合わせているからです。

つまり、客観的に自分を見つめれば、頑固さの種類を見極め、逆にポジティブな強みに変えることもできるのです。

心が病んでしまうほどの頑固タイプとは、物質的価値観が強く、１＋１は２だけだと思い込んでいる人。出世競争に負けてうつになるのは、その典型例と言えます。これだけやってきたのに報われない。自分より下だと思っていた人に追い越されてプライドを傷つけられた。もしそのように感じてしまうなら気をつけましょう。

そもそもプライドとは何でしょうか。「本当の私はスゴイ」という自己中心的な自尊心は、本当のプライドではありません。プライドとは、これまでの人生で自分を愛してくれた人、大事にしてくれる人を裏切らないことです。

本当のプライドがある人は、自分がバカにされたとき「自分はバカだと言われてもいい。でも自分を通して、これまで育ててくれた人や、自分を愛する人にまでバカだと言うのは許せない。だからバカにされたって負けないぞ」と、ポジティブな力に変えていきます。

自己中心的なプライドなら、自分をバカにされたことだけに怒りポイントがくるでしょう。「自分はスゴイ」という思いを傷つけられたことへの怒りです。

最近は、うつというほど深刻ではない〝プチうつ〟の人が多いように思います。治療のための薬を飲むまでには至らず、ただ「しっくりいかない」「うつっぽいような気がする」と自らのハードルを下げて、予防線を張っているようなケースです。

昔は大きな夢を抱き、挑んで挫折し、また立ち上がるのが若者らしい姿でした。でも今の若い人たちはとても現実的。海外留学で未知の経験をしたい学生が減っているなど、最初から冒険したがらない若者がとても多いようです。

プチうつの増加は、こうした社会の構図と似ているのかもしれません。最初からハードルを下げ、苦労はせずに、つつがなく生きたいという姿勢が垣間見えるのです。

まるでなんにでも除菌スプレーをかけているうちに、守られすぎて、人間までがヤワになってしまったかのよう。ハードルの高さは地面すれすれですから、そこから少しでも上げようものなら「もう跳べない！」とパニック状態に……。

現に、明るく元気に仕事をしていた新入社員が、「今度はこの仕事をお願いね」とハードルを少し上げられた途端、「電車に乗れない」とパニックになり出社拒否という事例もあるそうです。もちろん無理をしてでも会社に行くことがいいとは言いません。でも恐れないでください。うつやパニック障害を、予防する方法はあります。

とにかく謙虚になることです。

謙虚な人とは、自分が小さい存在だと気づける人のこと。あなたは誰かから「バカ」と言われたら、「いやだなぁ、そんな当たり前のこと、言わないでくださいよ」と笑って答えられますか？　だとしたらあなたは謙虚な心の持ち主です。上司に叱られても、「私って最低な人間ですから」と素直に受け止められるでしょう。最低だからこそ、「努力しよう」「上を目指そう」と力がわいてくるに違いありません。

そしてもうひとつ大事なことを覚えておいてください。それはこの世には1＋1は2とならない場合があるということです。ときには理不尽だと思うことがあるかもしれませんが、そのことを頭の片隅に置いておくだけでも違います。きっとうぬぼれや傲慢さを捨て、自分を律することができるようになります。

子育て中の方は「かわいい子には旅をさせよ」と言うように、お子さんを放牧牛のように社会に放って育てましょう。社会の荒波に揉まれながらも乗り越える強さを身につけられます。

大人になった今からでも、謙虚に、そして柔軟に生きることを心がけることは、心の病を遠ざける重要なポイントになりますよ。

開運アドバイス

謙虚さを忘れず素直な心で

圓尾アドバイス

意欲がなくなったときはご飯と味噌汁から始めませんか？

メンタルが落ち込むと「食事をしっかり摂りましょう」とアドバイスされても「食事なんかじゃないんだ、この状態は」と言いたくなるかもしれません。でも脳のなかでやりとりをする神経伝達物質が上手に作れないと心の働きが不安定になってくるのも事実。お腹が空《す》いたら適当に甘いお菓子やジャンクフードを食べるといった生活では、その神経伝達物質を作る栄養が十分に得られません。血糖値の急上昇と急下降を招き、メンタルも不安定になります。

精神安定に深く関わる神経伝達物質のセロトニンは、アミノ酸を始め、さまざまな栄養素によって作られます。なかでも必須アミノ酸のトリプトファンはセロトニンの材料として重要で、豆腐、納豆などの大豆製品や、カシューナッツ、ピスタチオ、アーモンド、落花生といったナッツ類に多く含まれます。最近はサラダなどに簡単に使える蒸し大豆やいろいろな料理に使えるおからパウダーなどもありますので活用を。間食にナッツを取り入れるのもいいでしょう。

心の病から不眠につながるケースもありますね。セロトニンができると、睡眠に関わるメラトニンも作られやすくなるという循環があります。このシステムにもさまざまな栄養素が必要。つまりなるべく多種類の食材を食べることが大切です。いきなり、おかずがたっぷりの定食は負担が大きいという方は、ご飯と具だくさんの味噌汁の2品から始めてみて。温かいご飯とだしが香る味噌汁は心をホッと落ち着けます。発酵食品の味噌は腸内環境を整え、メンタルの改善にも役立ちます。

（→222ページの開運レシピ「手作りインスタント味噌玉」参照）

❖頭のトラブル　頭痛、脳出血など

頭痛の種は実は自分のなかに。思考のオーバーヒートが原因

たましいにおける短気や頑固といった思い癖は、脳など頭に関する病、頭痛などに表れることがよくあります。頭痛と、思考がオーバーヒートしている状態は関係があるかもしれません。「頭のカタい人」「考えすぎて頭が痛い」というのは、たましいの視点から見てもあながち間違っていないものだからです。

思い通りにことが運ばないとイライラしたり、思い悩みすぎたりしがちな人。また、こうと思ったら別の道が見えなくなる人や、誰かに何かを言われて「そうじゃない」

と頑なになりがちな人は気をつけて。何かを貫こうと頑張っていても、視野が狭くなっているとものごとはうまく運びません。グジグジと考えすぎたあげくに、生きることすら行き詰まってしまうようなことにもなりかねませんよね。

もしも頭痛が生じたら、「柔軟性を持つと、もっと生きやすくなりますよ」「もう少し余裕を持ってまわりをみて」というメッセージがあるのかも。ぜひ自分が何にこだわり、固執しているのか分析してみましょう。柔軟になるための糸口が見つかれば、考えすぎの無限ループから抜けだし、今度は開運スパイラルに入れます。

よくお酒が好きという人のなかで頭痛持ちの人がいます。お酒を飲んで血流が良くなりすぎて頭痛が起きるフィジカルな場合もあるでしょうが、「考えすぎて頭が痛い」のをお酒で発散しよう、リラックスしようと逃げている場合もあります。若いときや、健康なうちはお酒に逃げられていても、飲めなくなる日がくるかもしれません。健康を害する前に、問題を早めに解決したり、別の発散方法を見つけたりしましょう。

まずは自分の気質を理解すること。短気や頑固さはなかなか直せないものですが、ときには流れに身をまかせるという視点も持ってみて。そうすると運が拓けるように、良い方向へと変わっていくはずです。

短気な人は、頭に血が上りやすい傾向にあるようです。カッカとしていれば血圧も上がるでしょう。そこから脳梗塞や脳内出血など、脳血管系の病になる可能性も否めませんので要注意です。

破天荒な言動をとったり、怒りのコントロールができずに感情を爆発させたりしていないか、自分の行動を振り返ってみて。焦燥感に駆られるのも、短気な証拠ですよ。

頭痛持ちの人には、のぼせ症の人も多いようです。とくに女性は下半身が冷えて上半身がのぼせることで、頭痛になるケースがあるよう。昔からのぼせの頭痛には北枕がいいなどと言いますが、これは北側から冷たい風が吹き込むので頭を冷やすにはいいという昔の人の知恵。機密性の高い現代の住宅では通用しません。しかしこのように肉体的な原因がある場合は、きちんとフォローすることで改善のきっかけをつかめる可能性大です。

たましいの視点から見ると、のぼせには、心ののぼせが現れていることがあります。「思い上がっていませんか?」というメッセージの可能性があるのです。うぬぼれてはいないか、謙虚さを忘れていないかと、自問してみましょう。

頭が痛くなるほどグジグジと考え込み、思い悩んだときは、こう考えてみてください。「必要以上に良いことも、悪いことも起きない」と。これはスピリチュアルな法則です。考えても無駄なことは放念し、目の前のすべきことをコツコツとやるだけ。あとは余計な心配をせず、安心して歩いて行けばいいのです。

目の前の現実さえ受け入れない人は、つい感情的になりがちです。たとえばゴキブリがいたら、キャーキャーと大騒ぎしてしまうような人。そこで「これはゴキブリという虫だな。足が生えていて触覚もある。動きが速くて、突然飛ぶこともある。どうやって対処するのが安全だろうか」と冷静に観察し、現実としてとらえれば怖さも遠のくはず。「カブトムシだって虫なのに、何が違うんだろう。あっちはお金を払って飼うのに、と思ったら冷静になれた」という人もいて、なかなか理性的だと思いました。

世の中の出来事も同じ。感情ではなく理性で考えることです。私は感情より理性を優位に保つためには、メディテーションや呼吸法を日頃から取り入れることをすすめています。最近は禅寺などでの座禅も人気ですが、静寂のなかで内観する時間を持つのはとてもいいことです。メディテーションや呼吸法は私のこれまでの書籍でも紹介していますので、参考になさってみてください。

そして頭痛の種になる原因をもうひとつ。あなたは物質的価値観に溺れていないでしょうか。物やお金がすべてだと思っていると、考えも凝り固まってしまいます。伝統ある家系を守りたい、親の仕事を子どもに継がせたいといった考えにとらわれていませんか？　何事も決めつければ苦しくなります。それは不幸な思い込みに過ぎません。頭のトラブルがそれを教えてくれているなら、もう手放しましょう。そうすればその空いた手で、今度は幸運をつかめますよ。

開運アドバイス

ときには流れに身をまかせ、手放しましょう

圓尾アドバイス

カフェイン中毒から頭痛に。やめるときは徐々に、が鉄則

カフェイン中毒の方がカフェイン摂取をやめたときに出る症状として、頭痛があります。普段からコーヒーをよく飲む方が、ファスティング中に頭痛に見舞われるなどは、その可能性が高いようです。そのため、コーヒーなどカフェイン入り飲料の飲みすぎを自覚する人は徐々に量を減らすことをおすすめします。

カフェインに敏感な体質かどうかは個人差があるので、摂取の許容範囲も人それぞ

れ。最近はジュース感覚で飲めるエナジードリンクが人気ですが、カフェイン含有量が多いので気をつけて。知らない間に中毒になることもあるので飲みすぎには注意しましょう。急な頭痛はカフェイン中毒以外にも原因が考えられるので、医療機関の受診も忘れずに。

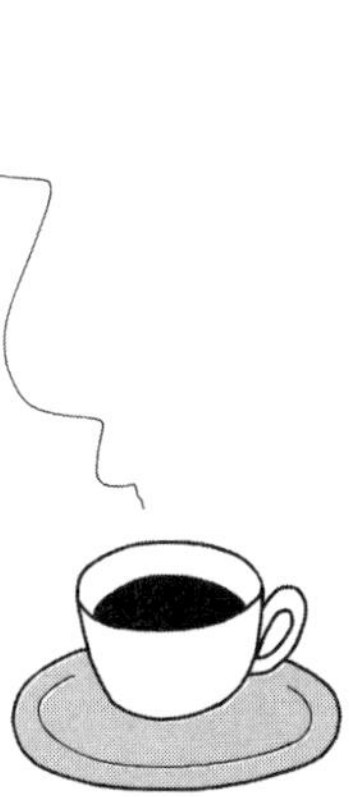

心臓の不調　動悸、息切れなど

生きることに臆病になっているサイン

心臓は生きる要。動悸や息切れが教えてくれる心臓の不調は、生きることに対する臆病さがあることをたましいが教えているのかもしれません。

たとえば動悸や息切れは、ストレスや緊張を強く感じたときに症状が出たりしますが、たましいも同じなのです。

気が小さくて、何かにつけてドキドキする。ではその気の小ささや臆病な部分はどこからくるのか。考えられるのは、この世での経験が少ないために、社会や人に対する免疫がないケースです。誰でも社会に出て間もない頃は神経質になるでしょう。たましいの奥深いところで「世の中って怖いな」と思っている気持ちがあるのです。

もちろん何ごとも、回数をこなして経験を重ねることで慣れたり、鍛えられたりするもの。社会や人を恐れるだけでなく、受け入れ、理解することが大切です。

人がなぜ緊張するかというと、自分を良く見せようという気持ちがあるからです。きちんと勉強していない、練習を積んでいないのに、良く見せようとすれば緊張します。でも自分ができる限りの努力をして準備をしたのであれば、あとはそれを出し切るだけ。堂々としていればいいのです。

私は講演会で大勢の方を前にお話ししますが、「聴いてくださるみなさんのために」と思うと、緊張はしません。

「自分」を良く見せたいというのは小我。ぜひ「相手のために」という大我の気持ちを持つよう心がけましょう。そのためのいちばんのポイントは、「自分は、自分以上にも、以下にもなれない」と言い聞かせること。ドキドキせず、どんと構えられるはずですよ。

息切れはまた別の理由があります。「気が上がる」などと言いますが、丹田にしっかりと気を留めておけない、集中できないことが関係しています。こういう状態では呼吸も浅くなりがちです。

スピリチュアルな解釈では、丹田はたましいと肉体をつなぐ大切なポイントです。ぜひ横隔膜の動きや深い呼吸を意識した呼吸法を身につけましょう。気功などもおすすめです。下半身が安定している人は、緊張もしにくいですし、深い呼吸は胃腸のマッサージにつながります。日常の呼吸や丹田を意識することはフィジカルであり、なおかつスピリチュアルなアプローチでもあるのです。

開運アドバイス

恐れを捨て、大我の気持ちでどんと構えて

圓尾
アドバイス

甘い物で緊張をほぐすのは実はＮＧ

循環器に負担をかけないよう血の巡りを良くするには、アマニ油やエゴマ油などオメガ３系の油がおすすめ。血液をサラサラにする効果が期待できます。緊張感をほぐすために、甘い物を食べる方は多いですが、食べた瞬間はホッとしても、血糖値のアップダウンが激しくなり、逆にイライラが増すことになります。メンタルの不安定さと心臓の不調はリンクします。甘い物に頼るのではなく、普段からバランスの良い食生活にして血糖値を安定させることが、長い目で見れば心身の安定には近道です。

❖めまい　目が回る、たちくらみ、ふらつきなど

目が回る出来事で、たましいが疲弊しています

「目が回る」という表現がされるめまいは、たましいの視点から見れば、文字通り目の回るような出来事があると起きやすいようです。自分で自分のことがコントロールできないような状況に追い込まれると、たましいからも「これ以上はついていけないよ」とメッセージが出されるのです。

よくあるのが、夫との関係がうまくいかなかったり、子どもの問題が持ち上がったりしたのと同時に、親の介護が重なるといった場合。物理的に忙しいうえに、いろい

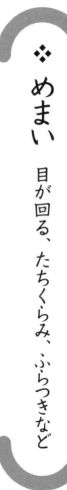

ろなことを考えすぎて、心身が急に弱ってしまいがちなときです。

先々のことを考えて不安になるがゆえに、あれもやらなくては、これも考えなくてはと思って一種のパニック状態に。論理的にものごとを整理できなくなるのも当然です。そんなときは「必要以上に良いことも、悪いことも起きない」と、一旦落ち着いて。どっしりと構えて、目の前のできることからひとつひとつやっていくことを心がけましょう。

必要なことを取捨選択する冷静さが持てるようになれば、もっと生きやすくなります。周囲のアドバイスにもぜひ、耳を傾けてください。なぜならめまいは耳が原因の場合もあるからです。１１９ページ「耳のトラブル」も参考にしましょう。

開運アドバイス

必要なことだけを選んで、冷静に

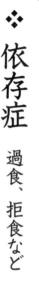

依存症

過食、拒食など

本当にほしいのは愛。家族や親しい人と一緒に食卓を囲んで愛を充電！

お腹が空いている、いないにかかわらずやたらと食べてしまうのは、スピリチュアルな視点ではたましいが持つ愛の電池の誤作動と言えます。

本当ならば愛というエナジーをチャージしたいのに、食べ物というフィジカルなものでエナジーチャージしてしまう。けれどもそれは愛の代わりにはならないので、どれだけ入れても入った気がせず、依存するまで繰り返してしまうのです。人によってはそれがアルコール依存、あるいは買い物依存という形になる場合も。根本的な部分はみな同じ。愛の電池不足です。

私の15年にわたる個人カウンセリングでは、過食や拒食は親子関係が影響しているケースが多く、なかでも母と娘の関係がメッセージとして表れていました。

というのも、過食や拒食の最初のきっかけは、母親が作った料理が食べられないことが始まりだというケースが多かったからです。

口はエナジーの入口です。親子間の心が通わなくなることと、親が作った料理のエナジーを子どもが受け付けなくなることはリンクしていることが少なくありません。

人が生まれて最初に人間関係を築くのは家族です。それも赤ん坊にとって母親は全許容で甘えられる存在。その証拠に赤ん坊は勝手にぐずってはおっぱいを飲み、おむつだって無防備に親に替えてもらうのです。

そんな親を信用できなくなれば、当然、社会も信用できなくなるでしょう。最初は親が作ったお弁当をこっそり捨ててしまうことが始まりでも、次第に食べても吐いてしまうように。そして親だけでなく、友だちとも一緒に食べられなくなる。そうやってエスカレートしていくのです。

本当は親に全許容で甘えたい。でもそれを乗り越えて自立していくのが子どもです。家族という同じ学校で学んでいても、たとえ親子でもたましいは別だと理解しなくてはなりません。

親を乗り越えるために知っておくべきことがもうひとつ。親は親として生まれてきたのではなく、親という役割を学びながら親になっていくだけだということ。親も未熟なところがたくさんあるひとりの人間。だから間違うこともあるのです。

今の時代はひとりでご飯を食べる孤食が常態化しています。そのため親自身も、子どもが自分の作ったご飯を食べているかどうか、気づきにくくなっています。「今日は友だちと外で食べるから」という子どもの本心がどういうものか、ぜひ親は考えてみてください。

家族みんなでご飯を食べる日を、週に1日でもいいから作ることから始めましょう。普段から子どもと食卓を囲んでいればこそ、「いつもより箸の進みが遅いな。何か悩みごとでもあるのかな」といった変化にも気づけますよ。

開運アドバイス

食卓を囲んで愛のエナジーチャージ

圓尾アドバイス

栄養学の知識を得ればダイエットが変わります

過食・拒食のきっかけがダイエットだったという人は少なくありません。「食べたら太る」「食べることに罪悪感を抱く」という意識を変えるのは容易ではないものの、栄養について正しい知識を学ぶことはその助けになりえます。たとえば同じカロリーの食事でも、食べる順番や速さによって体への吸収は変わります。もちろんカロリーだけで、太る、太らないが決まるわけではなく、一側面にすぎません。実際に栄養学を学び、「ご飯を食べると太ると思っていたけれど、食べても大丈夫だとわかった」と、改善のきっかけをつかんだ人もいます。きちんと食べることの大切さや必要な栄養について知り、自分の間違った認識を改めていくことは、大きな意味があります。メンタルの問題を抱えている方も多いので、治療などと併行する形で、ぜひ栄養学の知識にもふれてみてください。

❖認知症　物忘れ、徘徊、暴言など

忘れるという幸いもある。たましいの本当の姿を受け入れて

誰でも年齢とともに、人の名前や固有名詞がなかなか思い出せなくなってきます。私もつい、「あれ、なんだっけ。ほら、あれ」などと言ってしまいますが、そんな自分をイヤだと思ったことはありません。「しょうがないよ。出てこないんだから」と思うだけ。そうやって年をとり、死んでいくこともイヤだとは思いません。

誤解を恐れずに申し上げますが、たましいの視点からすれば、加齢によって物忘れなどが起きるのは幸いです。忘れていくことは人間にとって大事なこと。逆になんで

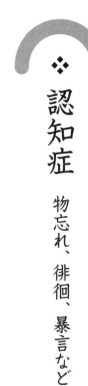

も鮮明に覚えているのは、辛いことではないでしょうか。

「物忘れがあるくらいで、穏やかに死んでいければいいけれど、徘徊したり、攻撃的になったりする認知症はイヤ」という人もいます。でも、認知症になるのを恐れるのは物質的価値観があるがゆえです。人は生きたように死んでいくのです。

たましいの視点で解釈すると、徘徊する人は、本当は逃げたいことがあったのにできなかった人、暴言を吐く人は、言いたいことを言えずに我慢してきた人。そんな人が人生の最期になってようやく解放されているだけ。認知症は、いい人仮面を外して、あるがままのたましいの姿になる瞬間でもあるのです。

目の当たりにする家族は「そんな人だと思わなかった」と思うかもしれませんが、公明正大なたましいの姿だと、あたたかく受け入れてあげてほしいと思います。

自分がそのようになることを恐れるならば、今のうちに過去と向き合い、消化できずにいる出来事や思いを早めに消化しておくことです。

多くの人はいい人仮面をかぶって演じています。すごく腹立たしいことや、ドロドロした感情があるのに、本心に蓋をして生き、いい人のふりをしているのです。たとえば人に「それってやっかみでしょ？」と指摘されても「そんなことありません。やっかんでなんかいません！」と否定する。そのうちに自己洗脳するように「私はそんな人間じゃない」と思い込み、自覚すらなくなっていきます。

怖いのは自分で自分が見えなくなること。そうなる前に、普段から聞く耳を持って。客観的に見て、指摘してくれる周囲の言葉を参考に、素直に自分と向き合えば、良きオーラに変わり、良き波長を放つ素敵な人になれます。

また、エンディングノートを書くことはとても大事です。書くことで、己の思い込みに気づき、整理できます。拙著『たましいの履歴書』は、人生を振り返り、思いを整理しながらエンディングノートができあがるよう書き込みページが多く設けられていますので、参考になさってみてください。

エンディングノートで思い込みの整理を

圓尾アドバイス

何を選ぶか、どう調理するかにも認知症予防のヒントあり

DHA（ドコサヘキサエン酸）は血流を良くするので、脳の働きを高める効果が期待できます。鰯や鯖などの青魚のほか、アマニ油やエゴマ油に代表されるオメガ3系の油は体内でDHAに変わるのでおすすめです。

気をつけたいのはたんぱく質と糖が加熱によって結びついてできるAGE（終末糖化産物）。AGEが体内に蓄積されると老化の原因になると言われ、認知症との関連も

指摘されています。高温調理するほどＡＧＥはできやすいので、なるべく抑えたいなら同じ鶏肉でもから揚げよりも、蒸し鶏にするなど調理法を変えてみて。また体内の血糖が増えると、もともと体内にあるたんぱく質と結びつき、体温によってＡＧＥが作られることもわかっています。ＡＧＥをまったく体内に入れない、体内で作らないということは無理なので、甘い物はほどほどにし、いろいろな食材を調理法を変えながら食べることを心がけて。

（↓220ページの開運レシピ「大根と水菜のサバ缶サラダ」参照）

腸活で
免疫力アップ

便秘・肌荒れ対策に
食物繊維たっぷり
具だくさん粕汁

人参50gと大根80gはいちょう切りに、長ねぎは1/4本を小口切りに、油揚げは1/2枚を横半分に切って短冊に切る。鍋に水400mlと昆布5cm、野菜を入れて中火にかける。野菜に火が通ったら鮭の切身一枚を食べやすい大きさに切ったものを加えて火を通し、酒粕50gと味噌大さじ1.5を溶き入れる。ひと煮立ちさせて火を止め、椀によそう。

認知症が
気になる方に

美味しく食べて
アンチエイジング
大根と水菜の
サバ缶サラダ

サバ缶1/2はフォークで潰す。大根150gは5cmの千切り、水菜30gも同じ長さに切る。サバ缶の汁（1/2缶分）に酢、砂糖、ごま油（それぞれ小さじ1）と醤油小さじ2を入れ混ぜ合わせ、塩コショウで味を調え、具材とさっくり和える。

腰痛・
肩こりに

ビタミンEで血行促進
和風アーモンド
ドレッシングの
サラダ

細かく刻んだアーモンド8粒、オリーブオイル大さじ1、醤油小さじ2、はちみつ小さじ2、レモン汁小さじ1をボウルに入れ混ぜる。ベビーリーフ適量、パプリカ1/4コの千切り、お好みでアボカド1/4コを一口大に切り、ドレッシングをかける。

管理栄養士 圓尾和紀監修

開運レシピ

それぞれの症状に合わせたレシピですが、どなたが食べても、体を整える効果があります。分量はすべて、2人分です。

高血圧でも

減塩なのに美味しい!

薬味たっぷりまぐろの醬油麴漬け丼

ファスナー付きビニール袋にまぐろの刺身100gと醬油麴大さじ1.5を入れ揉み込む。30分漬けてご飯にのせ、刻みねぎと千切りの大葉、ごまを添える。

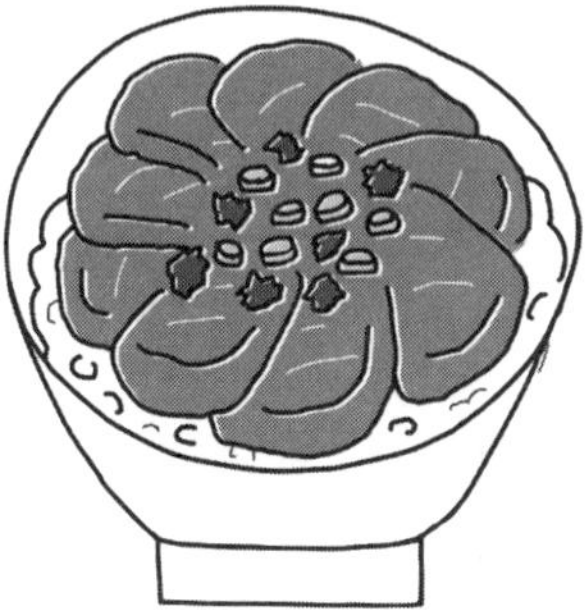

血糖値が気になる方に

おなかも満足

雑穀米で食べるきのこたっぷりVeganカレー

鍋にくし形切りにした玉ねぎ1コとまいたけ1パック、薄切りにした椎茸4個、一口大かぼちゃ150g、おろしたにんにくと生姜(それぞれひとかけ分)を入れ、ひたひたに水を注ぎ火にかける。火が通ったら、トマトピューレ大さじ4を入れひと煮立ちさせ、味噌大さじ1.5、塩麴小さじ2、カレー粉大さじ1.5を加え煮込む。カレーを雑穀米にかける。

心の疲れに

乾物で簡単！
心のベースは
おだしから

手作り
インスタント味噌玉

味噌30gに、乾燥わかめ2g、スライス干し椎茸1g、切り干し大根2g、鰹節一摑みを入れ、混ぜる。ラップに半量とり、丸めて結んだものを2つ作る。それぞれお椀に味噌玉と160mlのお湯を注ぎ溶かす。お弁当など、　携帯にも便利。

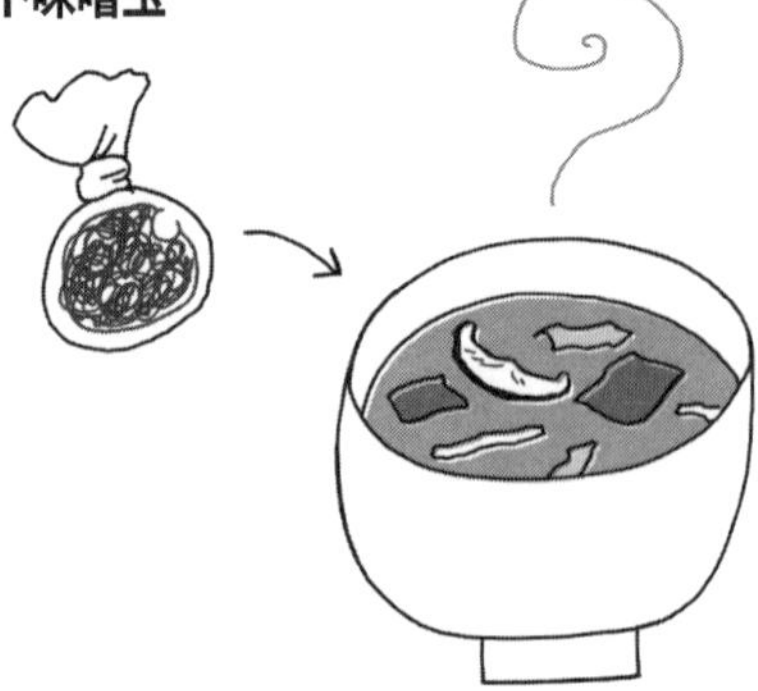

更年期の
不調に

大豆の力で元気に！

高野豆腐の
オランダ煮

戻した高野豆腐2枚を4等分にし、片栗粉をまぶし米油で揚げる。鍋にだし汁1.5カップを入れ、人参千切り50g、玉ねぎ薄切り1/4コ、椎茸2枚を加え中火にかけ、人参に火が通ったら、醬油大さじ1.5、みりん大さじ1.5を入れさらに煮込む。そこに3cmの長さに切ったニラ40gと揚げた高野豆腐を入れ柔らかくなるまで煮る。水溶き片栗粉でとろみをつける。

目の疲れに

紫パワーを
体内に取り入れる！
紫キャベツとツナのナムル

紫キャベツ1/4玉を千切りにし、ボウルに入れて塩をひとつまみ振り、揉み込む。水けをしぼった紫キャベツに、汁けを切ったノンオイルのツナ缶、ごま油大さじ1、醤油と炒り白ごま各小さじ2を加えて和える。

鼻づまりの
お悩みに

グルテン・乳成分
フリーでも豪華！
かぼちゃの酒粕豆乳シチュー

鍋に油を熱し、鶏もも肉60g（一口大）、かぼちゃ150g（一口大）、玉ねぎ1/4コ（くし形切り）、しめじ1/4パックを入れて炒める。全体に火が入ったら米粉大さじ2を入れてさらに軽く炒める。米粉の粉っぽさがなくなったら水150mlを加えて具材に火を通す。豆乳200mlを加えて煮込み、味噌大さじ1を溶かし入れる。

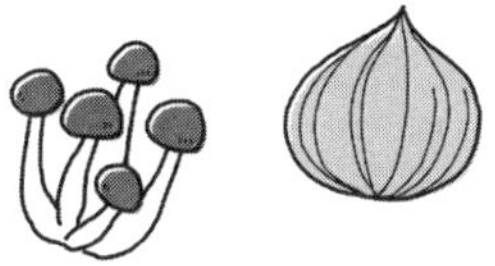

貧血対策に

手軽なもう一品
小松菜と油揚げのおろしポン酢和え

小松菜1/2把を茹でて水けを絞り2cmに切る。油揚げ1/2枚は油抜きして細切りにする。小松菜と油揚げを大根おろしとポン酢で和える。

おわりに

年を重ねたからこそ気づけること

たましいの視点からすれば、短命か、長命かはあまり重要ではありません。どれだけ込めて生きたかということのほうが大事だからです。

ではなぜ食べるものや健康に気をつけるのでしょうか？

自分がこの世に生まれるときに決めた寿命を、元気にまっとうするため。

きっとあなたもそうしたいと思っていらっしゃるのではないでしょうか。

よく「ピンピンコロリで逝きたい」という声を聞きますが、その通りだと思います。

老いという言葉から悪いイメージを感じるのかもしれませんが、でも年を重ねるというのは決して悪いことではありませんよね。

私もすでに50歳を過ぎていますが、年を重ねることのありがたさを感じるようになりました。それは時間がいっそう大事になったということです。

残りの人生、限りある時間を思うと、一分、一秒さえ無駄には過ごせません。ですから、自分がイヤだと思うことはしたくないですし、したいことをするために計画も立てています。

私は悲愴感から、限りある時間を惜しんでいるのではありません。大事に思うからこそ充実できる。ひとつのことや、この一刻を、楽しめる。それに気づけたのは年を重ねたおかげです。

本当の幸せとは、長く生きることや健康でいること、家族や大切な人といつまでも一緒にいることではありません。それらはいつか失われるものであり、物質的価値観による幸せだからです。

たましいの視点から見た本当の幸せとは、何も恐れることがないこと。もちろんそれは受け身に生きることとは違います。運命を自分で切り拓いてこそ、つかめるものです。

人事を尽くして天命を待つ。やるべきことをやって、あとは安心して生きる。それが潔く生き、潔く死ぬということではないでしょうか。

ピンピンコロリというのは肉体だけに限ったことではありません。たとえ病があっても、清々しいたましいで、キラキラと輝くように生き抜くことはできます。

「いただきます」と「ごちそうさま」は命の言霊

生きることと食べることとは直結しています。

フィジカルを整えるうえでも、食べることはとても重要です。実際に、高齢の人でもよく食べる人は元気だという印象を受けますよね。

またスピリチュアルな解釈で言えば口というのはエナジーの入口。栄養という以外にも、人は食べ物からエナジーをいただいています。

当たり前のように言っているかもしれませんが、ぜひ「いただきます」「ごちそうさま」を、改めて声に出してみてください。

これらの言葉は、ほかの命をいただき、自分が生かしてもらっていることへの感謝の表れ。だから残さず食べて、ごちそうさまと言えるのです。

そこには生き方の姿勢も表れます。

自分の命を無駄にせず「いただきます」という気持ちで日々を生き、寿命までまっとうし、生き抜いた末に「ごちそうさま」と言って死んでいく。

言霊と言うように言葉にはエナジーがあります。また音にも音霊があり、自ら声に出すことは、己のたましいに言霊を宿すことになります。

自分の命を大切にし、生き抜くためにも、「いただきます」と「ごちそうさま」をいつも声に出して言ってください。たったひとりで食事をするときも言いましょう。食べ物と、自分の命に感謝を込めて。

そのたびにあなたのオーラは輝き始めます。命の力が息を吹き返すように幸せオーラが、そして周囲に感謝のオーラが大きく広がっていくでしょう。

がんなど病におけるペインコントロールは、今はとても進歩しています。

病気を抱えながらも、上手に痛みをコントロールして、亡くなるギリギリまで仕事をしているという人も少なくありません。

緩和ケアなどの痛みのコントロールは、スピリチュアルな視点から見て否定するものではありません。本書を通して、肉体とたましいのつながりをお話ししてきたように、ＱＯＬ（クオリティ・オブ・ライフ）をできるだけ良い状態にして、たましいを健やかに保とうとすることは、現世を生き抜くための大切な術なのです。

病気があっても、また病気による余命を告げられたとしても、それは変わりません。

一方で、同じようにペインコントロールをしているにもかかわらず苦しむ人もいます。その痛みは、実は本当の痛みとは違うスピリチュアル・ペインというもの。たましいの痛みなのです。

たとえば、加齢によって膝が痛い、腰が痛いということは誰にでもあります。でも何か楽しいことをしていたり、うれしいことがあったりするときには、その痛みを忘れてしまうものです。

あなたも仮に痛いところがあっても、大好きな歌手のコンサートに出掛けていくときは、「膝が痛いけど、平気、平気！」などと笑っていられたりしませんか？

つまり心が満たされていると、痛いこと、苦しいことはいつのまにか忘れてしまったり、気にならなかったりするのが人間です。

心と体は、これほどにもつながっているのです。

私が知っている限りでは、たましいの視点でものごとを見よう、理解しようと努力し、やるべきことを果たして精一杯生きたのちに死を迎える人で、苦しんだ人はいません。

ここまでこの本を読んでくださったあなたなら、きっと大丈夫。その素養は十分にあると思います。

人生の終わりは誰にでも訪れます。しかし、たましいの視点を持てば、老いの恐怖も、死の恐怖も、放念できます。

ピンピンコロリを一緒に目指しましょう

本書ではさまざまな体の不調に関するスピリチュアル・メッセージと、フィジカル・ヒーリングについて述べてきました。

あなたがこの本を手に取ってくださったのは、なんらかの不調があったからかもしれません。ここまで読んで、その不調をたましいで理解し、自ら改善しようと前向きに思ってくださったとしたら、うれしく思います。

誰もが人生を悔やまずに生きたいと願います。でも、どんなふうに生きても悔やまない人生など、ありえません。何かしらの悔やみはあるものです。

もし最期のときに満足できる人生だったと思えるとしたら、そこにあるのは「やるだけやった」という気持ちだけです。

人は死して死にません。たましいは永遠です。

あの世に帰ったとき、「私はやるだけやって生き抜きました。あれ以上、どこまでやれと言うのですか!?」と言い切れるくらいの人生なら、幸せだったと言えるのではないでしょうか。

フィジカルなメンテナンスをおろそかにしないことも、「やるだけやった」と言えるためのひとつです。

病には意味も学びもあります。けれども食を始め、フィジカルなメンテナンスによって予防できる病も必ずあるはずです。

無防備に生きるのではなく、ある程度の備えをすることは現世に生きるためのコツ。

医学の進歩もあり長寿時代に突入したと言われながら、皮肉なことに「長寿で困る」と言う人もいます。人類が長寿を望んだから、医学の研究も進んだのに、長く生きて困るだなんて、おかしな時代です。

でも私たちはそんな時代に生きている。これも自分たちが選んだ長寿時代です。生き抜く責務があると自覚し、せめていい死に方ができるよう、やるだけのことをやりませんか？

それは命乞いをしようというのではありません。寿命まで精一杯生きましょうということです。

食に気をつけて、呼吸や睡眠にも気を配り、自分の体を使って、自然に生きましょう。

物質界に生きていることを思えば、加齢によって肉体のあちこちに不具合が出るのは仕方のないことです。動きが鈍くなったり、痛いところがあったり。そこで「あぁ、年をとるなんてイヤだ」と思う気持ちもわかります。

私も年とともに、だんだんと食べる量が減ってきて、「食べられない。悔しい！」と感じることもあるからです。でも、年をとっても若い頃と同じようにもりもり食べて、ぴょんぴょんと動き回っていたら、それこそおかしいと、自分でも思います。

痛いところがあって「もうイヤになっちゃう」と思ったら、「しょうがないよね。

それだけ長く使っているということだから」と、体をいたわればいいだけです。

つい面倒くさがって、そんな当たり前のいたわりをしなければ、「イヤだイヤだ」とグチを言うだけになってしまいます。そんな人生をこの先、送りたいかと自分に問うなら、答えはノー。

今からだっていたわってあげれば、もう少し長くいい調子を保てるはず。呼吸法ひとつでも、今日から、いえ、たった今から行っていけば変わります。

人は生きたように死んでいきます。そう考えると、自分がどう準備したかで、死に様は変わっていくのだと気づくのではないでしょうか。

本書にある数々のメッセージのいくつかについて、もしかするとあなたは耳が痛いと思ったかもしれません。でもここまで謙虚に耳を傾けてくださったのですから、あなたはきっと自分の命を「お残し」せず、「ごちそうさま」と言って人生をまっとうしていける人に違いありません。

「やるだけやった」と言える、ピンピンコロリのいい死に方を一緒に目指しましょう。

初出
『婦人公論』２０１９年10月23日号～２０２０年3月24日号
「スピリチュアル・メッセージ＆フィジカル・ヒーリング」
単行本化にあたり、大幅に加筆しました。

江原啓之（えはら・ひろゆき）
スピリチュアリスト、オペラ歌手。一般財団法人日本スピリチュアリズム協会代表理事。吉備国際大学、九州保健福祉大学客員教授。1989年にスピリチュアリズム研究所を設立。出版、講演活動などで活躍中。主な著書に『幸運を引きよせるスピリチュアル・ブック』『ペットはあなたのスピリチュアル・パートナー』『すべての災厄をはねのけるスピリチュアル・パワーブック』『あなたは「死に方」を決めている』『たましいの履歴書』『たましいの地図』『厄祓いの極意』、近著に『江原さん、こんなしんどい世の中で生きていくにはどうしたらいいですか？』『あなたが危ない！――不幸から逃げろ！』『ペットの気持ちがわかるスピリチュアル・コミュニケーション』など。

開運健康術《かいうんけんこうじゅつ》

2020年3月31日　初版発行

著　者　江《え》原《はら》啓《ひろ》之《ゆき》

発行者　松田陽三

発行所　中央公論新社

〒100-8152　東京都千代田区大手町1-7-1
電話　販売 03-5299-1730　編集 03-5299-1870
URL　http://www.chuko.co.jp/

印　刷　大日本印刷
製　本　小泉製本

Published by CHUOKORON-SHINSHA, INC.
Printed in Japan　ISBN978-4-12-005292-7　C0095
定価はカバーに表示してあります。
落丁本・乱丁本はお手数ですが小社販売部宛にお送りください。
送料小社負担にてお取り替えいたします。

単行本

厄祓いの極意

厄は厄年だけに気をつけるべき？　厄＝突然
自分の身に降りかかる災い（不幸）なの？
「厄」のメカニズムを解き明かし、人生に降
りかかる70の「厄」の意味と対処法を伝授。

単行本

ペットの気持ちがわかるスピリチュアル・コミュニケーション

出会いや別れ、病のとき、ペットたちは何を考えているのか？　どうしたら気持ちを伝えられるのか？　ペットと飼い主がわかり合い、後悔のないペットライフを送るために。